AF405445

सिर्फ विहान की बात
(काव्य संग्रह)

विनोद क्वात्रा

Delhi-110089, India

प्रथम संस्करण : 2021
ISBN : 978-93-90889-64-8

मूल्य : 250/-

© सम्बंधित रचनाकार के अधीन
आवरण : ज्योति

सिर्फ विहान की बात (काव्य संग्रह)
–विनोद क्वात्रा

Sirf Vihaan Ki Baat (Kavya Sangrah)
-Vinod Kwatra

Published by
PRAKHAR GOONJ PUBLICATION
H-3/2, Sector 18, Rohini, Delhi- 110089
E.mail : prakhargoonj@gmail.com
         sinha.neelu123@gmail.com
Ph. : 011-27851059, 7982710571, 7838505899
Web : prakhargoonjpublications.com

इस पुस्तक के किसी भी हिस्से को प्रकाशक अथवा लेखक की पूर्व अनुमति के बिना इलेक्ट्रॉनिक अथवा किसी अन्य माध्यम द्वारा पुनः प्राप्ति समेत किसी भी रूप मे प्रतिलिपिकृत, अनूदित अथवा संगृहीत नहीं किया जा सकता है और न ही किसी भी रूप में अथवा किसी भी माध्य से इसे प्रसारित किया जा सकता है। ऐसा किए जाने पर सम्बंधित के विरुद्ध कानूनी कार्यवाही की जा सकती है।

समर्पण

****

श्री सद्गुरु देवाय नम:
श्री गुरु महाराज
एवम
स्वर्गीय माता पिता के श्री चरणों में
सादर समर्पित

'सिर्फ विहान की बात' जीवन के रंगों के साथ

देखे-सुने, जिए और भोगे पलों की कविता साक्ष्य होती है। वह अतीत की अनुकृति, वर्तमान की दृष्टा और भविष्य की सचेतक होती है, और जब तजुर्बेकार, उम्र के साथ लंबा सफर तय किये हुये कवि की रचनाधर्मिता की बात चलेगी तब 'सिर्फ विहान की बात' होगी, प्रकाश की बात होगी, रोशनी के प्रत्येक प्रतिमानों की बात होगी। एक ईमानदार कविता पाठक मन को आंदोलित करती है। सोचने को मजबूर करती है, दिशानिर्देश देती है, शांत के पलों में मन को आनन्दित करती है, आँखों में स्वप्नों का संजाल बुनती है। दुख के पलों में सांत्वना देती है। और विषम हालातों में ज़रूरत पड़ने पर तनकर खड़े रहने और जंग ठान लेने तक का जज्बा देती है।

सभी गुणों की झाँकी इस पुस्तक में दिखाई देंगी। संग्रह में कुछ अस्सी कविताएं, विभिन्न रंग-रूप भाव की हैं। कविता नदी के जल की तरह कभी शांत, तो कहीं शोर उठाती हुई, कहीं मुक्त छंद में तो कहीं कवित्त के विभिन स्वरूप में प्रवाहित हुई हैं। प्रत्येक कविता सन्देश देती हुई पाठक मन से तादाम्य स्थापित करती हुई यात्रा करती है।

संग्रह की शुरुआत इस कविता से होती है, यह खासियत है कवि की जो महज चार पंक्तियों में वह सब कुछ बयान कर देता है, जो आगे के पन्नों में पढ़ने को मिलेगा।

चुप रहने दो, खामोशियों को न हिलाओ,
मौन हो योगी बनी यह ध्यान में संलग्न है।
चेतना में जब किसी भी द्वार पर जाने लगे तो,
पंथ के कंटक दिखा, मत इन्हें इतना डराओ।

सुकोमल शब्दों से सज्जित कविता के ये बोल सुनकर स्वयं को कविता से जुड़ा हुआ मससूस करने लगा हूँ। लगता है यह मेरे लिए लिखी गई है।

हर एक लहर बन एक वर्ष,
हर साल जनम दिन है लाती।
सब समझें यही किनारा है,
भ्रम मृत्यु और निकट लाये।
हर मोड़ तमन्ना पूरक हो,
हर कदम खुशी के फूल खिलें।
सौ जन्म अगर मैं जिऊँ मीत,
ये उमर भी तुम को लग जाए।।

हर भाव की कविता रस-छंद-अलंकार का आभूषण पहनकर पन्नों में शोभायमान है। यथा-समय वह चेतावनी के स्वर भी मुखर करती है। यह संग्रहित कविताओं के स्वरूप और विविधता का एक लघु संकेत है।

कागज की कश्ती से कहाँ पार सागर हो,
छरहरे किले बाढ़ का जोश न झेल पायेंगे।

जैसा कि श्री विनोद जी की काव्य कृति 'सिर्फ विहान की बात' 'पढ़कर मैं महसूसता हूँ कि, कविता स्वयं कवि के मानसिक और भाव जगत की प्रस्तावना होती है। उसे अपने प्राकट्य के लिए किसी के अनुमति की ज़रूरत नहीं होती। वह अपनी ऊँचाई-गहराई लेकर स्वयं साकार होती है। वह किसी के प्रमाणपत्र या आग्रह की मोहताज नहीं होती।'

मैं आदरणीय क्वात्रा साहब के उत्तम स्वास्थ्य की कामना करता हूँ। यह पुस्तक सहित्य जगत के लिए अनुपम है, इसी तरह से निकट भविष्य में और भी काव्यात्मक संग्रह की आशा करता हूँ। आत्मिक शुभकामनाएं।

रामानुज अनुज
43/436 हनुमाननगर,
रीवा मध्यप्रदेश
पिन 486005

प्राक्कथन

मेरा जन्म 19 जुलाई 1946 को बिल्लोचिस्तान की राजध ानी कोईटा में हुआ जो अब पाकिस्तान में है। देश में आजादी का माहौल चल रहा था। विपरीत परिस्थितियाँ थीं। 1947 ईसवी में भारत का विभाजन हो गया। मेरे नाना अखबार नबीस थे। उन्हें उस समय के राजनैतिक हालात का पूर्ण ज्ञान था। विभाजन से छः महीने पूर्व ही हमको तथा और बहुत से लोगों को जिला एटा (उत्तर प्रदेश) में रहने हेतु बुला लिया गया।

मेरे पिता लाहौर में भारतीय सेना में औडिटर थे। विभाजन के बाद आगरा के लाल किले में उसी औहदे पर रहे। सेना की नौकरी छोड़कर खाद्य आपूर्ति विभाग में जिला एटा, (उत्तर प्रदेश) में रहे। विभाग में बहुत ज्यादा करप्शन होने के कारण नौकरी छोड़ दी। जिससे हमारा परिवार अभाव ग्रस्त रहा। माता पिता के दिये संस्कारों से हम आज भी बहुत प्रसन्न और सन्तुष्ट हैं।

जब तीन साल का हुआ तो तख्ती कलम दवात लेकर ताई के पास पढ़ने जाने लगा। ताई मुहल्ले में रहने वाली एक बुजुर्ग गरीब महिला थी। मुहल्ले के छोटे बच्चों को पढ़ाकर अपना पेट पालती थी। उस समय आठ आने महीना लेती थी। बच्चों के मन में बहुत डर था उसका पर हृदय की बहुत कोमल थी। उस के डर से बच्चे पढ़ाई में ध्यान देते थे। पाँच साल का हुआ तो पिता एक दिन उँगली पकड़ दौड़ाते हुये ले गये और मुझे तीन-चार मील दूर प्रेन्टिस गर्ल्स स्कूल में दाखिल करा दिया।

ज़िन्दगी की दौड़ की शुरूआत हो चुकी थी। तीसरे क्लास के बाद लड़कियों का स्कूल होने के कारण लड़कों को स्कूल से निकाल दिया जाता था। स्कूल की प्रिंसीपल अमेरिकन थी। वह बहुत सख्त दिखती थी। स्कूल का अनुशासन सख्त था। पर हम दो लड़कों को सिधाई के कारण छटे क्लास तक पढ़ाई की आज्ञा मिली। जो कि उस स्कूल के इतिहास में आज भी दर्ज है। कुछ अरसे बाद तो लड़कों का दाखिला ही बन्द कर दिया।

इस स्कूल की कुछ अविस्मरणीय यादें कभी भुला नहीं पाया। चर्च में पहले से छठे क्लास तक ईसा के जन्म दिवस 25 दिसम्बर के कार्यक्रम में मेरा कोई भी रोल अवश्य होता था। तीसरे या चौथे क्लास की बात है। वार्षिक उत्सव का रिहर्सल चल रहा था। मुझे चौथे बच्चों की मंजिल पर सबसे ऊपर पाँचवे स्थान पर चढ़कर जय हिन्द सलाम करते हुये बोलना था। नीचे वाले बच्चे बोझ नहीं सँभाल पाये। मैं धाड़ से नीचे गिरा होठों से खून बहने लगा।

स्कूल की प्रिन्सिपल तुरंत मुझे अपनी कोठी में ले गई, मेरी चोट का प्राथमिक उपचार अपने हाथ से किया। फिर मुझे कुर्सी पर डाइनिंग टेबल के पास बैठाया मेरे लिए कॉफी बनाकर पिलाई। उसके डर से स्टाफ और बच्चे काँपते थे। उस दिन उस महानता को देखकर बहुत आश्चर्य चकित रह गया। उस अनुशासन प्रिय प्रिन्सिपल के हृदय में एक उदार और कोमल हृदय था। छठे क्लास के बाद हम दो लड़कों की विदाई का समारोह भी अविस्मरणीय था। बड़े हाल में हमें बिठाकर कुछ भेंट हमें दी गई। सारा स्टाफ और बच्चे रो रहे थे। हम दोनों से भी नहीं रहा गया। फूट-फूट कर दहाड़ें मार कर रो पड़े।

जब मैं ऊपर के क्लास में आया तो उन यादों की पृष्ठभूमि पर यह कविता लिखी--

'जीवन निष्क्रीय है,
जीवन मिलन कहाँ,
जीवन का नाम जुदाई है।'

साँतवे क्लास में मेरे मित्र ने जो मुझसे एक क्लास ऊपर था मुझे गवर्नमेंट इन्टर कौलिज में दाखिल करा दिया। 1963 में इन्टर करने के बाद स्कूल छोड़ा। उस समय लड़कों को प्राइवेट बी.ए. करने की छूट नहीं थी।

दस साल बाद फिर डिग्री कॉलेज खुलने पर मैंने बी. ए. किया। मुझे स्वप्न में भी इस बात का आभास नहीं था कि जीवन की दिशा और दशा पर अचानक सरस्वती माँ की असीम

कृपा बरसने लगेगी। मेरे जीवन की दिशा बहुत अल्प समय में ही वह होने लगेगी जिस की मैंने कभी कल्पना भी नहीं की थी।

आदरणीय रामानुज अनुज जी जो इस सदी के प्रतिष्ठित साहित्यिक प्रतिभा हैं, जो मुझे बड़े भाई की तरह आदर देते हैं। उनकी प्रेरणा और सहयोग ने मुझे अत्यन्त उत्साहित किया। मेरे मन के अन्दर आशा का संचार कर मुझे प्रेरित किया। जिसका परिणाम यह काव्य संग्रह आप सहृदय पाठकों के हाथ होगा।

क्या करूँ मैं आज,
सिर्फ विहान की बात,
ज़िन्दगी, अठखेलियाँ करती है,
तो समुन्दर लहराता है।
जब तक हम डुबकी लगाते हैं,
तब दौड़ती चली आयी,
हमारे उभरते इरादों को ढकने,
जानी पहचानी रात।
ये सिलसिले ज़िन्दगी के,
चलते रहेंगे।
सुबह ढलती रहेगी,
और ज़िन्दगी
विहान और अवसान की तरह,
रात के आगोश में पलती रहेगी।
विहान को पाने अवसान,
निरन्तर मचलती रहेगी।

यह काव्य संग्रह मेरे जीवन के 55 वर्षों की अथक साधना है। जिसको काव्य का रूप मिला। उसमें बहुत लोगों का आशीर्वाद सम्मिलित है। उनमें से कुछ इस दुनियाँ में भी नहीं हैं। परन्तु उन की दुवाओं का परिणाम यह काव्य संग्रह है। माँ सरस्वती की कृपा तथा पाठकों का सहयोग मुझे सदैव लिखने को प्रेरित करता रहा है। मेरी हर रचना को दिलोजान से सराह कर मुझे ऐसे मकाम पर पहुँचा दिया, जिस पर शायद मैं आप

लोगों के सहयोग के बिना नहीं पहुँच पाता। मेरी रचनायें पाठकों को सम्पूर्ण समर्पित हैं।

रचनाओं का सृजन कहाँ से होता है? एक बंजर जमीन पर शब्दों का पौधा उगना जिसको समाज तथा साहित्यकार कविता, कहानी, ग़ज़ल, भजन, मुक्तक, व्यंग्य, उपन्यास आदि की संज्ञा देता है। मैं बहुत बड़ा साहित्यकार नहीं हूँ। आप पाठक मेरी रचनाओं से प्रभावित होते हैं और उसको ऐसी अवस्था में पहुँचाते हैं। मेरे अंतरंग में प्रेरणा का संचार होता रहता है। जो मुझे लिखने को प्रेरित करता रहता है। विश्वास नहीं होता कि आप लोगों का प्यार मुझे इतनी ऊँचाई तक ले जायेगा। आप लोग मेरा गर्व हो। छोटे बड़े सभी साहित्यकारों को बहुत सहज स्वभाव होना चाहिए। मैं सदैव यह चाहूँगा कि मेरे अन्दर अहम् का बीज कभी निरूपित न हो। अभी तो मैं धरती माँ के आँचल से अंकुरित हुआ नन्हा पौधा हूँ। मुझे बहुत कुछ आप लोगों से सीखना है। मैं हमेशा यही कोशिश करता हूँ कि यथार्थ के दर्शन तथा जीवन के महत्त्वपूर्ण पहलुओं पर प्रकाश डालती मेरी रचनायें हों। रचनाओं की चमक आपकी प्रत्यक्ष तथा अप्रत्यक्ष प्रेरणा है। वरना मैं कहाँ लिख पाता लिखना तो दूर मैं कल्पना भी नहीं कर पाता।

आशावादी रचनाओं के साथ निराशावादी रचनायें जीवन को दिशा निर्देश भी देती हैं। व्यक्ति को किसी भी परिस्थिति में निराश नहीं होना चाहिए। सफलता और असफलता जीवन का अंग है जीवन का अन्त नहीं। जीवन एक चलती हुई गाड़ी है। मुसाफिरों का चढ़ना-उतरना लगा रहता है। किसी मुसाफिर से बहुत ज्यादा आत्मीयता हो जाये तो ऐसे हालात में भावों में स्पन्दन होना अनिवार्य है। ऐसी परिस्थितियों में साहित्य का जन्म होता है। मन में विचार आते हैं भाव दुर्भाव पैदा होते हैं। जैसे यह कविता--

हमने सारे गम देखे हैं।
ज़िन्दगी, उभर न सकी जिसमें ऐसे ख़म देखे हैं।
वफा न मिल सकी,
वाह रे जमाने तुझ से

नजर भी पथरा गई,
हमने, इतने सितम देखे हैं।

संघर्षरत जीवन की परिस्थितियों में बचपन जल्दी दुबक जाता है। विचारों में तल्लीनता और गम्भीरता आने लगती है। तब मन विचारों को समेटने लग जाता है। कब उसकी लेखनी पृष्ठ पर उभर-उभर आती है। पता ही नहीं लग पाता, कभी कहानी और कभी कविता के रूप में।
एक और रचना देखें--

हो गई अब मूक वाणी, लग गया विराम।
ओ राही, अपने पथ पर चलता जा अविराम।
सफर कटेगा जितनी जल्दी, मंजिल अपनी पायेगा।
लाल बत्तियाँ चौराहे पर, इस के चाहे जितनी आयें,
फायर ब्रिगेड की गाड़ी बन जा, कोई रोक न पायेगा।

सच तो यह है हमारे जीवन में कई कही अनकही घटनायें गुजर जाती हैं। कभी जीवन में ऐसा मौका नहीं मिल पाता कि हम वर्णन कर सकें परन्तु काव्य एक ऐसा माध्यम है, हम मन के भावों को प्रतीकात्मक भावपूर्ण भाषा में प्रगट कर कविता कहानी या उपन्यास के रूप में मन के बोझ को हल्का कर सकते हैं। रुचिकर शब्दों में पिरोकर उत्कृष्ट सृजन समाज के सामने रखकर अपने साहित्य के द्वारा समाज के निर्माण में योगदान दे सकते हैं।

आज की सोशल मिडिया की दुनियाँ में पाठकों को उनकी रुचि का साहित्य दे पाना साहित्यकारों के लिए बहुत बड़ी चुनौती है।

अन्त में मैं यही कहना चाहूँगा, जब से यह दुनियाँ बनी या अस्तित्व में आई, बहुत से बड़े-बड़े साहित्यकार सृजन करते रहे हैं जिस का प्रमाण वेद, शास्त्र गीता- रामायण, ग्रन्थ आदि हैं। सारा विश्व इनसे मार्गदर्शन आज भी पा रहा है।

साहित्य के अथाह सागर में मुझ जैसे साहित्यकारों का

स्थान अणु के सूक्ष्मतम भाग से भी बहुत कम है। मगर हम जो कुछ लिखते हैं उससे हमारे अन्दर मानसिक शान्ति का संचार होता है। हमारा अस्तित्व कहाँ है पता नहीं? मेरे परम आदरणीय पाठकों मैं आप का हृदय तल से आभार व्यक्त करता हूँ। मैं विशेष रूप से आदरणीय रामानुज अनुज जी का सहयोग शायद जीवन पर्यन्त नहीं भूल पाऊँगा। मैं उनको आभार धन्यवाद कुछ नहीं कहूँगा क्योंकि यह शब्द उन के लिए बहुत छोटे लगने लगे हैं। मुझे बार बार सहयोग का आश्वासन देकर मेरे अन्दर आशा की ज्योति प्रज्वलित की और मेरे हृदय को मजबूत सम्बल भाई, मित्र और गुरू के रूप में दिया।

आकर्षक साजसज्जा के साथ पुस्तक बनाने के लिए प्रखर गूँज पब्लिकेशन नई दिल्ली का हार्दिक आभार व्यक्त करता हूँ।

जय हिंद, जय भारत
विनोद क्वात्रा
उत्तम नगर (नई दिल्ली)

अनुक्रमणिका

चुप रहने दो खामोशियों को

चुप रहने दो, खामोशियों को न हिलाओ,
मौन हो योगी बनी यह ध्यान में संलग्न हैं।
चेतना में जब किसी भी द्वार पर जाने लगे तो,
पंथ के कंटक दिखा, मत इन्हें इतना डराओ।

बन्धनों के पेड़ अक्सर ये रसीले बो रही हैं,
अधबुने टूटे ख्वाबों को मद में ढो रही हैं।
प्रीत की तृष्णा झुला, ना इन्हें तुम आजमाओ,
तृषित मन की कोठरी में नाग काले ना बसाओ।

धूल की अनुभूतियों थीं, फँसा इक काफिला था,
अधर की तृष्णा हटी, तब लगा वह जलजला था।
और भी अद्भुत करिश्में हो रहे हैं ज़िन्दगी में,
कभी रोका था चरण ने, कभी रोका आचरण ने।

व्यंग्य की अनुभूतियां अक्सर हम सब झेलते हैं,
खुद जलाकर हम घरों को चिरागों से खेलते हैं।
तितलियाँ कहाँ छू पायीं, बहशी हवाओं के थपेड़े,
बेरुखी करदे अगर मौसम उसे न फिर बुलाओ।

जब लौटने पक्षी लगे हैं, शाम मटमैली हुई है,
पथ सशंकित हो गया, नीड़ भी अब खो गया।
राह के तालाब नदियाँ झील क्यों सूखे पड़े हैं,
मृत्यु की शैया बिछा ना इन्हें शापित बनाओ।

बेवजह उलझी पड़ी

बेवजह उलझी पड़ी है आस मेरी प्यास में,
भीड़ में बैठी हुई तन्हाइयों का क्या करें?

वक्त बूढ़ा हो गया है ज़िन्दगी के गाँव का,
अनमनी-बेसुरी बजती, शहनाइयों का क्या करें?

बुझ गये सारे दिये राहों को रौशन कर गये,
डूबते सूरज की होती आरती का क्या करें?

मैं नहीं, तो और कोई भी उसे बहलायेगा,
सब्र से ठिठकी खाली डोलियों का क्या करें?

आस सारी ज़िन्दगी उससे ही मिलने की रही,
फँस गये हर बार झूठे रास में हम क्या करें?

हर जगह वही थकन वही चुभन वही जलन,
बगल में थामे शहर को कहाँ रक्खें क्या करें?

मधु मक्खियों से लिपटा शहद सा सपना मेरा,
तकती रही दहलीज, जो ना पार-पाई क्या करें?

मुलाकात

पहले मेरी---तुम्हारी,
मुलाकात
आप---से शुरू हुई।
फिर ---आप न जाने
कब?
धीरे-धीरे तुम में बदल गया।
और अब तुम भी,
तू में,
बदलता जा रहा है,
और,
आगे का अपवाद,
साफ नजर आ रहा है!
क्यों न?
किसी ऐसे अपवाद के,
फैलने से पहले,
हम और तुम
एक दूसरे को
भावभीनी, अन्तिम विदाई दे डालें।

बचपन की यादें

दिल की बस्ती में सूनापन, यह कब से शमशान हो गया?
बसे हुए थे कितने सारे, कब से बियाबान हो गया?

बोधू बीशू शीलू ईला, क्यों सब यादें सता रही हैं?
बचपन के वह करतब सारे, क्यों अतीत में झुला रही हैं?

माँ जब नहीं रही जीवन में, माँ कहना आसान हो गया।
बसे हुए थे कितने सारे, यह कब से वीरान हो गया।

मीलों पैदल चल-चल कर, शिक्षा स्थल को जाते थे।
बाग क्यारियों सड़कों खेतों, भरपूर सब लुत्फ उठाते थे।

बोझिल पाँव सर पर रख कर, सरपट दौड़े-चलते जाते थे।
बचपन के सारे सपनों का, महा-महल वह कहाँ खो गया?

बसे हुए थे कितने सारे, कब से रेगिस्तान हो गया?

रात बहुत लंबी उलझन की

रात बहुत लम्बी उलझन की,
अलसाये से नयन मेरे।
कुछ-कुछ जब मिटने लगता है,
मन होते बेचैन मेरे।

हिय पृष्ठों पर उभर रहे थे,
जाने पहचाने से चेहरे।
बिम्ब कई मिट गये पटल से,
हम सब को जाना होगा।

याद रहेंगे प्यारे गीत,
तुम ने जो मुझपर थे वारे।
हरकारे ने पहुँचाये पर,
अब भी चीर-चीर थे सारे।

गीतों के उन अन्तर्यामी,
अर्थों से मैं चूक गया।
भावों की गहरी खाई से,
अन्तर्मन चोटिल खूब हुआ।

पीड़ा का इतना रिसाव था,
जख़्म नहीं दिखते वह सारे।
हम हँसते रोते आये हैं,
प्रिय हम थे आखेट तुम्हारे।

क्या रह पायेंगे?
हाशिये पर दिल की किताब के,
गुजरी यादों के अवशेष तुम्हारे।

कलम के तहखाने से

मेरा पथ सूना सूना है,
यही अब मेरा जीना है।
राम जाने या मैं जानूँ,
मेरा दुख तुझ से दूना है।

पंथ पंथी को न भाया,
अंधेरा घोर घना छाया।
राह को निगल गया कब से,
मेरी काया का ही साया।
सत्य ने तज ही जो डाला,
सपन में अब क्या होना है?
राम जाने, या तू जाने,
कि आगे अब क्या होना है?

स्वाँस साँसों का रेला है,
मृत्यु तक यही झमेला है।
यह जीवन काँटों की बाड़ी,
जहाँ तक हमने झेला है।
करेगा क्या कोई इस में,
जो होना है, सो होना है।
राम जाने, या तू जाने,
कब क्या कैसे होना है?

सफर का पता ही नहीं

चलूंगा कहाँ से, मुझे सफर का पता ही नहीं,
कहाँ है मंजिल, कहीं पर निशाँ मिला ही नहीं।

नेक इरादे हैं मगर, कोई समझे तो अगर,
भटक गया तो भी, किसी को गिला ही नहीं।

छाँव में थक कर बैठ जाऊँ तो ये न समझना,
कि चिलकती धूप से मेरा कोई रिश्ता ही नहीं।

अंधेरी रात तो आयेगी सफर में, ये भी तय है,
कहाँ रातरानी से महकना है, ये सोचा ही नहीं।

सारी हसरतें नटनी की रस्सी चढ़ उतर गई,
मैं भी खामोश रहा, चुप्पी में कुछ सूझा ही नहीं।

शाँत थी बुझी नदी, जलते दिए, मन्दिर की पूजा,
सन्नाटे का भी कुछ हिसाब था, मैने रक्खा ही नहीं।

मकान खाली है, किराये के लिए

हर सुबह,
मैं एक फूल से,
मोहब्बत करता हूँ,
पर वह
शाम आने तक,
मुरझा जाता है,
और
छोड़ जाता है याद,
एक गुजरे हुये दिन की।

आज भी मैंने,
एक फूल से मोहब्बत की।
फूल की ख़ामोशी ने खींचा,
मुझे अपनी तरफ,
बढ़ाया हाथ,
स्पर्श करने को,
पवित्र शरीर उसका,
पर,
न जाने क्या सोच कर,
रुक गया और,
बढ़ा हुआ
हाथ भी झुक गया।

चाहता मैं न था कि,
मसल दूँ उस का सुन्दर तन
अपने हाथों में लेकर,
और ये भी नहीं साथ देगा जो,
जीवन की एक शाम समाप्त कर दूँ,
अस्तित्व उसका इसी क्षण।
इसीलिए

निहारता रहा उसको
और खुश हुआ,
मन ही मन मूक,
अर्थहीन शब्दों में,
उससे बातें कर।

इसी तरह
सुबह से शाम हो गई,
रात की जुदाई का गम
छा जाना चाहता था
हम पर।
मैं चला आया,
उससे जुदा हो कर
और वह भी मुझाया
मेरे चले आने पर।

दूसरी सुबह मैं,
फिर पहुँचा उस बाग की ओर तो,
एक ठंडी आह भर के रह गया
उजाड़ दिया,
किसी बेरहमने उस बाग को,
किसने?
केवल वहाँ,
एक प्रश्न चिन्ह ही रह गया।

और
कुछ दिनों बाद
वहाँ मैने पाया,
बड़े बड़े अक्षरों में एक बोर्ड लटका,
'ये मकान खाली है किराये के लिये'

नई पीढ़ी बनाम आकांक्षाएं

हर नौजवान
एक जलती हुई सिगरेट की तरह
सुलगता है।
किसी न किसी आग में
उस की हर तमन्ना,
सुलग कर राख में बदल जाती है!
और राख जमीन पर।
न उसमें आग है, न चिन्गारी,
जो जलाये किसी को।
बेकार---
निर्जीव अस्थियां बेकार,
फिर भी फेंको,
गर किसी खेत में,
तो खेत का माली,
पानी पिला-पिला कर
खुद प्यासा ही रह जाये।
इसीलिए
राख को फेंक दो किसी ऐसी जगह,
जहाँ केवल खुद जलो,
उस में दबी ठंडी आग,
किसी और को न जलाये।
न कोई माली इसकी लपेट में आये,
और न कोई खेत जिस पर,
न जाने कितनों के ख्वाब सजे होंगे,
कितनों की भूख और प्यास,
इस पर बंधी होगी।
कहीं ऐसा न हो, तुम्हारी आग में,
सब कुछ जल जाए।

माँ

आज मेरी माँ श्रीमती सावित्री देवी क्वात्रा की पुण्य तिथि है। ठीक 50 वर्ष पहले मेरी शादी नहीं हुई थी, इस दुनियाँ को छोड़कर चली गई। उसकी याद में कविता उस समय लिखी आज समर्पित है।

अस्थियां 'गंगा' बनी,
और राख 'यमुना' बन गई।
ऐ मेरी माँ याद तेरी, इक कहानी बन गई।

व्योम में उड़ते रहेंगे, अब ऐसे पक्षी बन,
बिना पंखों के जिसे, कोई न देता है शरण।
अब हृदय की व्यथा तो, आँखों का पानी बन गई।
ऐ मेरी माँ याद तेरी, इक कहानी बन गई।१।

हर घड़ी, हर पल अब तो, याद तेरी आयेगी।
तेरी छवि प्यारी हृदय के क्षीर में मुस्कायेगी।
छोटी सी मेरी दुनियाँ की, अमिट निशानी बन गई।
ऐ मेरी माँ याद तेरी, इक कहानी बन गई।२।

'गंगा' 'यमुना' जैसे जाकर, 'सागर' में विलीन हो गईं।
वैसे ही परमात्मा में, आत्मा तेरी लीन हो गई।
तू ही धारा, तू ही किनारा, तू ही तीरथ बन गई।
ऐ मेरी माँ याद तेरी, इक कहानी बन गई।३।
6 जनवरी 1971 की रचना

भविष्य

बचपन के जंगलात में,
एक दोस्त मिला।
जो मेरे दर्द पर आंसुओं का मरहम लगाता।
अक्सर मुझे,
मीठी बातों की नदी में तैराकर मेरे,
सुनसान भविष्य में,
उम्मीद के सपने बिखराता।
बचपन-------चला गया,
और-------अब
न दोस्त है, न दर्द,
न आंसुओं का मरहम,
न उम्मीद की नदी,
भविष्य, अब भी सुनसान है,
बचपन के जंगलों की तरह।

कलम के तहखाने से

मैं तुम्हारी बात सारी मान तो लूँगा,
तुम अगर मन के सभी कोने,
मेरे मन से मिला लो न।
देख लो न, फट गई है,
खींचा-खींची में
इज्जत, बिचारी की कमीज,
सी भी दो ना।
तुम अगर सी न सकी तो,
कह ही डालूँगा---हट बदतमीज।।

चाँद बनकर,
हिय-सिन्धु से उद्गार उठते हैं,
उन्हें, आश्रय बना लो ना।
सब तब कहूँ तुमको,
अगर जो सुन सको तो?
मैं तुम्हारी बात सारी मान तो लूँगा,
मगर आँखों में थोड़ी शर्म पालो ना।

ज़िन्दगी ऐसी कहाँ है?
जो कमीजों में बटन सी टँकी हो।
तुम टँकी हो,
ज़िन्दगी की इन कमीजों में,
आस्तीनों की तरह।
साथ मेरे दो कदम
और भी चलकर तो देखो, जी सकोगी अपनी तरह।
जोश में होश खोकर
आस्तीनों में
दर्प के सर्प पालो ना।

मैं तुम्हारी बात सारी मान तो लूँगा,
ये अभी,

अन्तिम पड़ाव ही नहीं है ज़िन्दगी का,
हार कर चुप बैठ जाना।
साथ मेरे जब चलोगी
तो पता तुमको चलेगा
गुमसुम निराश होकर मत थको ना।
ज़िन्दगी की लरजती धूप पर
शीत का भीना सा आँचल
ओढ़ डालो ना!
ज़िन्दगी की इस अवस्था में
व्यवस्था को बिगाड़ो ना!

टूटने के बाद सारे सिलसिले
गड़गड़ाहट ही सुनाते हैं।
पाँव जब रुक चुके हों
और फिर चलना पड़े तो
लड़खड़ाते हैं।
कह दिया मैंने,
इसमें मिला कुछ और
कह ही डालो ना।

मैं तुम्हारी बात सारी मान तो लूँगा?
पर्वत सरीखे इन विकल्पों को
क्षण में,
कहीं न ध्वस्त कर डालो?

नीर भी अब थक चुके हैं,
बहुत से उदगार मन के
खिड़कियों के।
बाहर ही सहमे से खड़े हैं !
कहीं से भी
निगोड़ी भोर होने दो,
सुबह का शोर होने दो।

चीर भी हो गया है
आस्तीनों का अब पनीला
और जीवन,
स्वप्न से तारों जड़ित आकाश का
कर रहा है
और गीला और गीला और गीला।
इस प्रलय के कूप से
थोड़ा सृजन मेरे लिये भी तो निकालो ना।

कोरोना का डर

बन्द हुए खिड़की दरवाजे,
सूनी पड़ी शहर की गलियाँ।
'विधि' ने ऐसा चक्र चलाया,
भूल गये सारे रंगरलियाँ।

मानवता की हरित क्रान्ति पर,
यह कैसा दुर्भाग्य छा गया।
मुक्त हँसी पर छाया रुदन,
प्रलय राग फिर समय गा गया।

यह संसार झाड़ और झाँकर,
उलझ-पुलझ मर जाना है।
यह संसार कागद की पुड़िया,
बूँद पड़ै घुल जाना है।

उड़ गये रंग जब जीवन के

उड़ गये रंग जब जीवन के,
तब गीत सृजन कुछ कर डाले।
अभिलाषाओं के तार बुने,
परिधान रंग में रंग डाले।

संस्कृति भी डूब गई रंग में,
हर तन हर्षित रंगीन हुआ।
यह फाग अनोखा कैसा था?
कोई पुलकित कोई गमगीन हुआ।

अंतस में रंगों के फिर से,
ना कहीं धूल फिर पड़ जाये।
इस लिये दुल्हन रंगों की फिर,
अब क्षणिक साथ को हो ली है।

उठ गई द्वार से एक बार,
सुधियों की जो सुन्दर डोली।
वह लौटे या फिर ना लौटे,
पर तुम्हें मुबारक होली है।
पर तुम्हें मुबारक होली है।

जिंदगी की तुम ही गज़ल

जीवन की तुम ही गज़ल हो।
खो कर जो पाया वो पल हो।
पीकर रहा सोचता मैं,
अमृत हो या तुम गरल हो।

सांसों में है छवि तुम्हारी।
होठों पे भी नाम तेरा।
जो ढल चुका था निशा में,
अब बन गया है सवेरा।

तुझ में ही मैं खो गया हूँ।
तेरा जो अब हो गया हूँ।
तुझ को अर्पण ये सारे नजारे,
फसल प्यार की बो गया हूँ।

न मंजिल ना कारवाँ है।
तेरी दुनियाँ ही मेरा जहाँ है।
ख्वाबों ख़यालों की मल्लिका,
तेरे हर रूप में झलकियाँ हैं।

वह

कई बार
पहले भी ऐसा हुआ है,
जब उसने
मेरे अन्तरंग को हुआ है।
तब मैं उसे
भाव तो दे पाया था
मगर, अभिव्यक्ति नहीं।
इसीलिये,
वह आज तक
मुझसे बेजार है,
आकृतियों के बीच रहकर भी
निराकार है।
कई बार
पहले भी ऐसा हुआ है,
जब उस ने
मेरी संवेदनाओं को छुआ है,
तब मैं उसे
शरीर तो दे पाया था,
मगर प्राण नहीं।
इसीलिए
आज तक संसार में,
वह मूँगा है।
शब्दों के सागर में रहकर भी,
वह
बिल्कुल गूँगा है।

दुख अर्चना संसार

अस्ति चर्म की देह यह,
तासे ऐसी प्रीत।
जब तक घट में प्राण हैं,
तब तक सब हैं मीत।

तब तक सब हैं मीत,
कि फिर न पूछे कोई।
बन्धु सखा सब छूटैं, कि
जब तन प्राण न होई।

कहते हैं सब लोग, कि
दुनियाँ है इक खेला।
जनम मृत्यु का सदा,
यहाँ लगता है मेला।

सुख-दुःख देख के बन्धु
ना तुम इस से घबराना।
धूप-छाँव जीवन है, न
तुम इस में भरमाना।

सब कुछ है असत्य-सत्य,
अन्तिम मृत्यु कहलाये।
न उतरे सागर उर में,
वह नदी कहाँ कहलाये?

जीवन के इस सत्य मार्ग,
पर सब को चलते जाना।
जब तक जिओ, प्रेम मय
वाणी में कर्तव्य निभाना।

पीड़ा का उदय

सपनों के बहुत बड़े जंगल जब विषधारी बन जाते हैं,
जीवन की कुंठाओं से तब पीड़ा का जन्म हुआ करता।

अभिलाषाऐं जब चूर चूर हो नतमस्तक हो जार्तीं।
अश्रु कलष जब नीर समझ रोड़े बरसाया करते हैं।
कोई भी सुर-ताल नहीं जीवन का मिलने पाता है।
जीवन की कुंठाओं से तब पीड़ा का जन्म हुआ करता।

करौंच पक्षी दुर्घटना में जीवन की आस लगाता है।
यह भाव कभी वैरागी हो आत्म चिंतन में लीन हुआ।
मानस मन्थन भीतर-भीतर और गहन हो जाता है।
जीवन की कुंठाओं से तब पीड़ा का जन्म हुआ करता।

बरसात कभी होती है तो बादल भीगा-भीगा लगता।
सूरज जब ताप अधिक देता तो धूप बिचारी तपती है।
क्या चाँद करे शीतलता में तारों की आँखें जलती हैं।
ऐसी ही रातों में तपकर पीड़ा का जन्म हुआ करता।

आत्मा का आलाप

तू तब बहुत छोटी थी!
तेरे पाँव,
जमीन पर नहीं लगे थे।
एक बार, मैंने
तेरे पाँवों को जमीन पर रख कर,
तुझे ठेल दिया था।
तब से अब तक,
तू अपने आप को ठेलती रही,
हालांकि मैंने तुझे,
कभी चलना नहीं सिखाया था।
वह जो तुझे,
पेट के बल रेंगने से लेकर,
घुटनों के बल घिसटने तक लाया था।
उसी ने तुझे,
चलना भी सिखाया था।
अगर मैं कहूँ,
कि वो मैं था!
तो ये अतिश्योक्ति होगी,
और उसका अपमान।

उन्हीं दिनों
टूटी फूटी भाषा में,
तू कुछ बोली थी,
हालांकि वो शब्द,
सार-गर्वित निरर्थक थे।
फिर भी,
उनमें कोमल गहराई थी।
अगर मैं कहूँ,
कि वो शब्द तुझे मैंने दिये,
तो भी ये अतिश्योक्ति होगी!
और उसका अपमान।

मगर,
उसका अपमान तब नहीं होता,
जब लोग,
पाँव के बजाय,
पेट के बल चलने के लिए,
मजबूर होते हैं।
तब,
मैं आत्म-ग्लानि से सोचता हूँ,
कि मैंने तुझे,
बिना पालदार नौका की तरह,
समुद्र में क्यूँ ठेल दिया?
हालांकि,
वो मैं नहीं था!
था कोई और मगर,
उसका दोष अपने ऊपर लेता हूँ,
ये जानते हुये भी,
कि ये अतिश्योक्ति है।
मगर उसका अपमान,
मैं नहीं होने दूँगा।

मन

मनमैला हो जाये तो कहाँ धुलेगा?
न साबुन, न पानी,
लहरें भी करती मनमानी।
पानी पर बोई थी पीड़ा,
क्षीर रेत पर लिखी कहानी।
बातें तीर चढ़ा क्यों, चला रहा अज्ञानी?
मन मैला हो जाये तो कहाँ धुलेगा?

चलते फिरते यह बंजारे,
ढोल बजाते रोज बताते,
जीवन है निर्लेप कहानी,
साँझ ढले का पता नहीं,
दम्भ पोटली ढोकर, तू कहाँ बचेगा?
मन मैला हो जाये तो कहाँ धुलेगा?

गंगा-यमुना धो-धो हारी,
न धो पाई मन बेचारी।
तीरथ-तीरथ पटकी माथा,
धाम-धाम गुहार लगाई,
सब जापों का जाप किया।
छितराया सुकून मन का, कहाँ मिलेगा?
मन मैला हो जाये तो कहाँ धुलेगा?

बस थोड़ी सी बची कहानी,
न कोई राजा न कोई रानी,
कहाँ समापन इस का होगा,
कान-खजूरे हो जायें तो,
अन्त कथा न सुन न पायें तो,
तृष्णाओं का अन्त, कब कहाँ चुकेगा?
मन मैला हो जाये तो कहाँ धुलेगा?

कलम के तहख़ाने से

पाँव मन्दिर तक बढ़े थे,
हाथ पूजा को उठे थे,
होठ वंदन को खुले थे,
पर न जाने क्यों?
इष्ट ने हम को कबूला ना।।

दीप भी हिय के जलाये,
स्वर सभी हमने जगाये,
आँख में आँसू बिछाये,
हम युगों से कसमसाये,
पर न जाने क्यों?
वह अभी तक भी पसीजा ना।।

धूप रिसती कहाँ से

धूप रिसती कहाँ से?
ओढ़ ली है आसमां ने,
घने कोहरे की चादर।
किरन फूटे कहाँ से?
घटा घनघोर है।

हैं सब चुपचाप,
मगर उद्वेग मन में,
ये कैसा शोर है?

यही खामोशियाँ,
उगाती हैं घनेरा,
बनाती दुर्ग बादल के,
जो बन जाते,
बंकर नुमा किले,
दिलों में आदमी के,
कि वह खामोश,
लड़ता है घुमड़ता है।

कभी वो सोचता,
सब कुछ है मेरा।
नहीं, सब कुछ है तेरा।

यहीं हम भूल जाते,
घना कोहरा-घटा काली,
निरन्तर रह नहीं सकते,
इजाजत के, बिना सूरज।

नियति का क्रम,
निरन्तर डूबना-उगना
फिर हम, क्यों नहीं करते,
क्रियान्वित।

घना कोहरा, घटाकाली,
यहाँ पर न बनायें घर।
हमें खामोश रहने दें,
धूप और किरणो में,
लबरेज।

आज पेड़ों ने कसम खाई

आज पेड़ों ने कसम खाई,
अब कभी फल-फूल न देंगे।
रास्ते जो भी चुने तुमने,
तुम्हें तुमरा गाँव न देंगे।
आशियाने पेड़ बरगद के,
अब तुम्हें वह छाँव न देंगे।

प्रीत के हर रंग उठते हैं,
मौसमो के साथ लहराते।
आँधियों की धमक इतनी,
गा रहीं मधु गीत मधुमाते।
बाँधकर तटबंध नदियों के,
जल के प्यासे क्यों कराहे हैं?

दम्भ के फैले हुए छिछड़े,
नित नया तूफान लाते हैं।
रोज थोथी प्यास है जगती,
रोज हम दिल में सुखाते हैं।
नित नये निर्माण सपनों के,
जो हमें अक्सर छकाते हैं।

भूल की गठरी उठाये हम,
रोज बूँदों को बहाते हैं।
रास्ते जो भी चुने तुमने,
वह तुम्हें सुख छाँव न देंगे।
पंथ, जो भी है चुना तुमने,
वह तुम्हारा गाँव न देंगे।
झूठ सच की हर कचहरी में,
आँसुओं से नित नहाते हैं।

सहज उग बहुत मदमाती,
धरा पर भरपूर हरियाली।
पर जो बंजर थे बहुत रूखे,
सदा उनकी गोद थी खाली।
सावनी मदमस्त आलिंगन,
बदलतीं नित्य परिभाषाऐं।
कभी आँखें बहुत भोली हैं,
मदभरी आँखें भरी चपलताऐं।

सुवास उगी भरपूर मौसम में,
सुगन्धित रातरानी हो गई।
गोद में बिखरे अवनी के,
हरित पत्तों पे जवानी छा गई।
यही अवसाद के क्षण गुजरे,
खुशी बन कर के जो आये।

कुछ पलों का खेल हरियाली,
शुष्क पत्तों पर बिछे सपने।
फिर पलों में आस बिखराये,
देखते अम्बर घन संजोये।
कब नभ धुँऐ सा होये,
प्रेयसी आँखें बिछाये बाट जोहे।

फिर कभी गीला नहीं होगा,
मधभरे नैनों का वह काजल।
पोंछना होगा नभ को,
अविरल छलछलाता जल।
तुम कभी निर्बन्ध हो जाओ,
हम तुम्हें वह छन्द न देंगे।
आशियाने में भला बैठो,
पेड़ तुमको छाँव न देंगे।
रास्ते तुम ने चुने जो हैं,

वह तुम्हारा गाँव न देंगे।
यह तुम्हारा दुख नहीं केवल,
हर किसी की यह कहानी है।

जो बहकता भूख में ज्यादा,
उसी की मिटती जवानी है।
रूप की लम्बी कतारों में,
बहुत पीछे हो नज़ारों में।

ज़िन्दगी में प्रेम रस भरकर,
सिर्फ खुदगर्जी बिछाई है।
ये तुम्हारी ही नहीं दिलवर,
दम्भ की निर्लेप काई है।
जो तुम्हारे गीत को ढोये,
भीगता फिरता जवानी में।
तुम जरा सी छाँव दो खुद को,
बस जरा विश्राम तुम कर लो।

आशियाने में भला बैठो,
पेड़ तुमको छाँव न देंगे।
रास्ते तुम ने चुने जो हैं,
वह तुमरा गाँव न देंगे।

दोहे

जीवन की तपती व्यथा, घिर आई सब ओर।
ढूँढा बहुत तलाशते, मिला न मुझको ठौर।

मन तृष्णा की बावली, तन काँटों की बेल।
खेल रहा संसार क्यों, आकर्षण का खेल।

कुछ तो तुम जो कह गये, वह मैं भी सुन पाऊँ।
अन्तर्मन की प्यास का, किस सागर जल पाऊँ।

अगियाने में बैठकर, कुकर सेकता धूप।
अज्ञानी मैं ही रहा, पा न सका तेरा रूप।

साँझ उतर आई क्षितिज, व्यग्र हुआ हर द्वार।
अब के छूटे कब मिलें, कब होगा अभिसार।

जीवन मिलन कहाँ

जीवन मिलन कहाँ,
जीवन का नाम जुदाई है।

धुँधले हस्ताक्षर छोड़,
समय बीत गया,
पल-पल कर-कर।
हर पल विभावरी बन,
छा गया जीवन पट पर।
अगणित तारा-गण का-
टूट कर गिर जाना,
हर बचपन साथी का,
छूट कर चल देना।
कितनी गहरी करता है,
कालिमा जीवन की।
पर हम कैसे रोकें,
हर जाने वाले को?
हर साथी को,
मंजिल तक तो जाना ही है।
सब की राहें हैं जुदा-जुदा।
सब की मंजिल भी अलग-अलग।
सब चल देते हैं अपनी राह,
केवल छोड़, कुछ धुँधले चिन्ह।
अब तो, यादों की सेज सजाई है।
जीवन मिलन कहाँ?
जीवन का नाम जुदाई है।

अज्ञानता का जामा पहने,
मैं भटक रहा।
सब कहते हैं,

कि यह तो तेरा बचपन है।
हर बुरा भी, तब
भला ही लगता है।
पर कितने दिन?
फिर और उतरा,
अज्ञानता की खाई में,
यौवन आया।
कुछ भूले-बिसरे चित्र,
बनाने का क्षण आया।
उठी तूलिका,
जड़वत् हो गया शरीर।
खुली रही आँखें,
कुछ भी ना भाया।
टुकुर-टुकुर देखा सब कुछ,
कुछ कह ना सका।
सब पत्ते पड़ गए पीले,
और छोड़ दिया डाली ने उन को,
बचा सिर्फ,
जर्जर और क्षीण शरीर।
हर क्षण मृत्यु पथ का अनुयायी है।
जीवन मिलन कहाँ?
जीवन का नाम जुदाई है।

कितना सुखद था,
दो मीतों का मिल जाना।
साथ-साथ चल कर भी,
कुछ ना कह पाना।
कुछ नहीं,
इतना लम्बा सफर,
यूँ ही कट गया!
अँधेरा, अँधेरे के ऊपर,
और पट गया।

अब क्या होगा, मीत तुम्हारे बिन।
अब क्या होगा, प्रीत तुम्हारे बिन।
तुम चले गये,
मुझ को विश्वास नहीं।

जा-कर फिर लौटोगे,
ये आस नहीं।
आँख-मिचौनी खेल पुराना है।
दुनियाँ तो केवल,
आना-जाना है।
सचमुच,
जीवन स्वप्नों की गहरी खाई है।
जीवन मिलन कहाँ?
जीवन का नाम जुदाई है।।

पिता की याद में

थे अधूरे गीत जीवन के,
हम पिरोते ही रहे मनके।

वृक्ष पत्तों तक उतर आये,
पाँव अब चेतन हुये जड़ के।

दूब पर फैली हुई भाषा,
लिख रहे आकाश के तन पे।

मरमरी काँटो नुमा रिश्ते,
बीत जाते बीतते दिन से।

आँख सावन सी उमड़ आई,
याद के उन्माद में बह के।

फिर वही पथ, भ्रष्ट लोगों का,
लोग जा-जाकर नहीं थकते।

घिर गए थोथी ऋचाओं में,
आज
मनु के स्वप्न पावन से।

रास्ता कोई नहीं तय था,
हम उन्हें फिर से कहाँ मिलते।

दे गये वो साथ जितना था,
थक गये वो, हम रहे चलते।

कर्म की सीढ़ी, बिना चढ़ कर,
फल रहे ऊँची इमारत से।

पेड़ से टूटा हुआ हर फल,
है भटकता आज मंजिल से।

जीत का मोहरा पकड़ कर ऐक,
हारते हर दाव चौपड़ के।

आओ बियाबान न होना

आओ, बियाबान न हो जाओ कहीं।
दिल की बस्ती में, गुमनाम न हो जाओ कहीं।

बहुत से शहर मिलेंगे, जहाँ में बसने के लिए।
शहर में खुद को डुबा, वीरान न हो जाओ कहीं।

हदें, रोक देती हैं बाहर से अन्दर आने जाने को।
जगह-जगह प्रवेश वर्जित न लिखा पाओ कहीं।

दहशतें मिलती रहेंगी, रातों के सफर में तुमको।
अजनबी राहों पर, अनजाने न बिखर जाओ कहीं।

दरियादिली होगी, अगर कोई तुम्हें रोकेगा।
रोकने वालों से, हैरान न हो जाओ कहीं।

भूलों से लौटो, खो-खो का खेल नहीं ज़िन्दगी।
हदों से बाहर खोकर, ढूंढने से न मिल पाओ कहीं।

कोई तूफान उठता है अगर, कभी कहीं दुनियाँ में।
अपने पल्लू की हवा दे और न भड़काओ कहीं।

आग जब लगती है जंगल में, बुझना आसान नहीं।
ज़िद में, मुल्कों की सरहद न बन जाओ कहीं।

फिजा

ये न पूछो मुझ से,
मैं क्या लिख रहा हूँ?
ख़ामोश दिल की फिजा लिख रहा हूं।
ये ख़ामोश दिल एक ज्वालामुखी है
ये फटता है जब,
उठती आतशी है।
समेटे है इसमें, कई सुर्ख सूरज।
हसरतों की एक लावा-नदी है।

ये खामोश दिल,
किसी दरिया से गहरा,
इस पर कयी ख्वाहिशों का है पहरा,
बहुत से सैलाब सिमटे हुये हैं,
पनाहगाह,
शहर की गन्दी नदी का
इरादों की बहती हुई इक फिजा है।

रूह कैद जिसमें, जैसे
पिंजरे का पंछी,
ख्वाबों के अन-गिनत इरादों की मैयत।
खुदाई का फरमान,
कुरान इस में पढ़ लो।
गीता के श्लोकों को,
जी-भर के गड़ लो
पाकीजगी है,
तो बसता खुदा है।
मैं ऐसे शहर का पता लिख रहा हूँ।

जो बस जाये इसमें,
वही मुस्तकिल है।
कभी इस में सारा जहाँ है समाता,

कभी एक तिनका,
नहीं सह ये पाता।
खुदा के दिमागी-खलल की उपज है।
मैं ऐसे जहाँ का पता लिख रहा हूँ।
ये पूछो न मुझसे,
मैं क्या लिख रहा हूँ।
खुदा ने जो भेजी,
दुआ लिख रहा हूँ।

बातों-बातों में

बात कुछ नहीं थी, मगर बात बड़ गई,
बिना दिन चढ़े ही, एक रात चढ़ गई।

दिन जाग जाता, तो कुछ न कर पाता,
घात ही ऐसी लगाई, दुनियाँ उजड़ गई।

बादल भी थे आकाश, उन में आग थी,
बरसा शोर गीत धुन, वह भी चल दिये।

किस आँचल गिर किस की गोद पर,
पंछी तट को छोड़कर, नीड़ों पे चढ़ गये।

बात की न बात थी, फिर भी उधड़ गई,
ऐक सीड़ी चढ़कर, फिर मुँडेर चढ़ गई।

काँव काँव क्यों कर रहा, कोठे पे बैठकर,
ऐक टुकड़ा माँस का, उस मुँह में भर गई।

धरती का अब तो आलम

धरती का अब तो आलम,
बिगड़ा सा लग रहा है।
पश्चिम में उग के सूरज,
पूरब में ढल रहा है।

पानी में रह के प्यासी,
ज्यों मीन हो रही है।
लगता है अब तो पानी,
जज्बा बदल रहा है।

हम मीत हैं तुम्हारे,
कहानी में आ सकोगे।
अब क्या कहें दुबारा,
कथानक बदल रहा है।

तुम रोज एक पत्थर,
फेंके थे मेरे घर पर।
तानों के पत्थरों से,
घर ही पिघल रहा है।

सूरज हुआ है ठंडा,
चन्दा भी जल रहा है!
कुदरत का यह जखीरा,
आँहों से गल रहा है।

आँसू बहे हैं इतने,
खारा हुआ समुन्दर।
आँखों का यह जलाशय,
सागर बदल रहा है।

दर्द ऐसे दर्द को

दर्द ऐसे दर्द को भूले हुये हैं।
कभी रुसवाईयों में था नहाया।

प्यार की पींगें चढ़ाकर बहुत ऊँची,
कभी शहनाईयों में बज ना पाया।

कुछ अधूरे गीत उस के नाम के हैं।
जो अधूरे थे अधूरे ही रहे हैं।

और कुछ किस्से सुहानी शाम के हैं।
बीत कर भी जो वहीं पर ही खड़े हैं।

खुशनुमा वह लोग जिन का घर चमन है।
बाजुओं में उनके, क्योंकि अंजुमन है।

वक्त की सिलवटों में, हम घिसटते जा रहे।
ना पता धरती कहाँ है, और न कितना गगन है।

अब कहाँ ले जायेगा, मन के निरंकुश बुलवले।
गर्त की गहरी नदी है, ख्वाबघर जिसमें बसा है।

धमनियों का रक्त भी, लाल था काला हुआ है।
चेतना की बस्तियों का, बन्द अब ताला हुआ है।

मीत भी छलने लगे हैं, गीत भी जलने लगे हैं।
खुद में रहने दो खुदी को, बेखुदी अब थक चुकी है।

उसका धन्यवाद

हे, ईश्वर
शत-शत प्रणाम,
सुख-दुख तूने यूँ बाँटे।
एक हाथ में पुष्प दे दिये,
एक हाथ में काँटे।
फूलों को थामे-थामे,
फूला-फूला फिरता हूँ।
काँटों की जब सोचूँ मैं,
काँटों में जा घिरता हूँ।

हे ईश्वर,
शत-शत प्रणाम,
सुख-दुःख तूने यूँ बाँटे।
जैसे सुख-सागर में थोड़े,
डाल दिए हों चाँटे।

भूलों की होली

आओ हम तुम संग,
भूलों की होली खेलें।
हम भूलें गर तुमको,
तुमको याद करें।
तुम भूलो गर मुझको,
मुझको याद करो।
आओ हम तुम संग,
भूलों की होली खेलें।
एक भूल मेरी बतलाओ,
एक भूल मैं तेरी बोलूँ।
दोनों भूलों को रंगों में नहला,
प्रेम-पात्र में घोलें।
आओ हम तुम संग,
भूलों की होली खेलें।
चेहरों को दूर घुमाने में,
क्या रक्खा है।
दूर हो चुके रिश्तों को,
फिर से छू लें।
आओ हम तुम संग,
भूलों की होली खेलें।
चायना से ऊँची भूल की दीवार क्यों,
और कहाँ बनी?
आँसू के सैलाब, दर्द के थपेड़े,
असमर्थ रहे बहाने में।
आओ हम तुम संग,
भूलों की होली खेलें।
नजदीकियाँ बढ़ गई दूरियों जैसी,

दूरियाँ बन गई खाइयों जैसी।
इन बीमार रिवायतों का हल,
गूगल में टटोलें।
आओ हम तुम संग,
भूलों की होली खेलें।

कुछ आँसू

कुछ आँसू हम को भिगो गये,
कुछ आँसू बिल्कुल रूखे हैं।
कुछ हँस कर ही बह जाते हैं,
कुछ रोकर दिल न छूते हैं।

अन्दर ही अन्दर आँसू का,
तालाब सृजन होता रहता।
जीवन की कई दिशाओं से,
भर-भर वो बड़ा हुआ जाता।

ज्वाला प्रज्वलित हुई हिय में,
आँखों से धुँआ उमड़ता है।
वह अग्नि पिघल धीमें धीमें,
आँसू का दरिया बनता है।

कुछ मेरे कारण हैं आँसू,
कुछ तेरे कारण हैं आँसू।
आँसू चाहे कैसे भी हों,
आँसू तो आँसू होते हैं।

शब्दों के भी होते आँसू,
कुछ मगरमच्छ से होते हैं।
कुछ पीड़ाओं को ढोते हैं,
कुछ द्रौपदी जैसे रोते हैं।

बचपन के नाम

वह बचपन था,
जो चला गया।
मलते मलते इन हाथों को,
कहते कहते बस बातों को।

तकते रह गये बिचारे हम,
उस स्वर्ण काल से जीवन को।
न खुशियाँ थीं, खुशियाँ जैसी,
न गम को कोई गम ही था।

ऊँचे ऊँचे मंसूबों को,
पैरों से नापा करते थे।
न डर का कोई दृश्य वहाँ,
न पीड़ा की अनुभूति थी।

न मंदिर था, न मस्जिद था,
सब में जाकर पढ़ आते थे।
मीनारें कितनी ऊँची हों?
चढ़ कर फिर फाँद लगाते थे।

माली से क्यों माँगें पेरू?
इज्जत किरकिरी करें क्यों कर?
सीधे पेड़ों तक जाते थे,
अपने पीछे दौड़ा माली,
मैराथन दौड़-लगवाते थे।

वह बचपन था,
जो चला गया।
रंगीन तितलियों के डैने,
तब इन्द्रधनुष से दिखते थे।

जाने कब?
खो-खो खेल रहे बचपन को,
यौवन ने,
उठा दिया, दौड़ाया
अन्तिम प्रयास तक,
खो-खो का खेल रहा चलता।

हम से आगे कौन अब दौड़ा है?
हम से पीछे कौन है दौड़ रहा?

वह रूठना-मनाना, बहुत
बे-मेल सा लगता था।
पर वह भी, एक खूबसूरत
खेल सा लगता था।

वह सारे दृश्य अभी तक भी।
मस्तानी याद दिलाते हैं।
फिर अनायास ही हम अपने,
यौवन तक क्यों आ जाते हैं?

वह बचपन था,
जो चला गया।
झूमर सी यादें लटक रहीं।

'मानव' सृष्टि की सर्वोत्तम कृति

एक दिन
मैं घबराकर,
धरती से पूछ बैठा, बता?
यहाँ से बच निकलने का रास्ता,
किधर से है?
धरती,
जो अपनी धुरी पर घूमते-घूमते,
लकीर की फकीर हो चुकी थी,
चाँद से बोली,
ऐ जिगर के टुकड़े बता?
यहाँ से बच निकलने का रास्ता,
किधर से है?
पराश्रित चाँद,
कर बैठा सूर्य से प्रश्न,
चमक के स्रोत, बता?
यहाँ से बच निकलने का रास्ता,
किधर से है?
सूर्य जो स्वयम,
इस प्रश्न की तपन में,
सदियों से तप रहा था।
चल पड़ा सितारों के पास।
उन के अहम् को ललकारने।
सितारों तुम इतने पहेली एक सोचो,
यहाँ से बच निकलने का रास्ता,
किधर से है?
फिर एक दिन,
सारे आकाश के सितारे,
मेरे कदमो से लिपट गिड़गिड़ाये,
खुदा के बन्दे, तू ही बता,
यहाँ से बच निकलने का रास्ता,
किधर से है?

धुआँ उठा है, आग जली है

धुँआ उठा है आग जली है,
सब कुछ जलकर खाक हो गया।
लगता है हर पावन रिश्ता,
अब बिल्कुल नापाक हो गया।

जल जाने दो आहें आँसू,
यह फिर कभी दिखाई न दें।
शब्द प्यार के जो बजते हैं,
वो फिर कभी सुनाई न दें।

खुले हुये थे अब तक कुछ तो,
खिड़की दरवाजे चाहत के।
बेगानों की इस बस्ती में,
बसना भी कोहराम हो गया।

प्रेम प्रसंग हैं बुरे लग रहे,
विरह राग अब लगते अच्छे।
कुंठाओं के द्वारों से,
भीतर जाना आसान हो गया।

दुनियाँ तो चल गई है ऐसे,
काम हुआ ठेंगा दिखलाया।
ये 'विनोद' तेरा क्या होगा जब,
तू बिल्कुल गुमनाम हो गया।

नील गगन में

इस स्वच्छंद से नील-गगन में,
तृष्णाओं के बीहड़-वन में।
कुछ पक्षी उड़ते जाते हैं,
जो लहरा लहरा गाते हैं।

पाने को गोद मातृत्व-गाँव,
पाने को प्राकृतिक सुखद छाँव।
मृगतृष्णा में बह जाते हैं।
कुछ पक्षी उड़ते जाते हैं।

नीचे तल है ऊपर नभ है,
इस सब के बीच ही दलदल है।
दम्भों-पीड़ाओं-वंदन की,
झूठी-सच्ची अफवाहों की,
टूटे-जुड़ते से बन्धन की,
आदम के भीषण क्रन्दन की,
नीचे तल है ऊपर नभ है।
इस सब के बीच ही दलदल है।

धँसना जीवन का कर्म-काँड।
न गिर पाना न उठ पाना।
बस नाक धरे सिर पर अपनी,
धोबी- गधे सा इठलाना।

बता तुझको कहाँ ढूंढे

धरती पे आसमाँ ढूँढें,
तू बता, तुझको कहाँ कहाँ ढूंढें?

तू बियाबानों को रूप देता है,
दिल–मकानों को धूप देता है।

आदमी, मैं में डूब जाता है,
जब ज़रूरत से ज्यादा देता है।

साथ चलते हैं तेरे लोग वही,
रहमते-दामन जिन्हें थमाता है।

आग जंगल की तभी बुझ पाई,
फूँक फूँक के जो बरसात गिराई।

तू महसूस किया जाता है सब में,
तूने हर बुत को तो रिझाना है।

मैं भी ईसा हूँ किसी मरियम का,
मुझ में, तेरा गड़ा खजाना है।

कहीं तुम दूर मत जाना

कहीं तुम दूर मत जाना, मेरी श्रद्धा-सबूरी हो।
तुम्हारे पास होने से, बहकना न जरूरी हो।

बहुत बेगार थीं बातें, जो भँवरों ने सुनाई थीं,
न फूलों ने सुना उनको, न मौसम की गवाही थी।

किसी दरिया में मुझको डाल दो, मैं और धुल जाऊँ,
अभी भी कीच जिस्मों की, बयाँ की है जमाने ने।

कोई ख़ामोश रहकर भी, दिलों में शोर करता है,
उठाकर फेंक दो दिल को, दिलों ने खून पी रक्खा।

अभी भी रास्तों में बज रहे हैं, ढोल और ताँसे,
कोई उतरा फलक से है, या कोई जा चुका होगा।

बरसती आँख बादल की, गुलशन था बढ़ा बेचैन,
कितना और अब मुझको, तेरे गम में रुलायेगा।

गुलों की बेवफाई से, बादल रात भर रोया,
चमन ने फिर उसे, आँसू बहाने को बुलाया है।

न मैं हूँ किसी का, और न कोई ही है मेरा,
हकीक़त से तो स्वप्नों की, दुनियाँ ही सुहानी है।

रात का अवसान

रात लम्बी पल में ढल जाये,
हम सोयें और दम निकल जाये।

हम मिटा दें बस वही अक्षर,
जो बहुत खारे नजर आयें।

इल्म की मोटी किताबों का,
सार क्यों ना हम समझ पाए।

क्या मिलेगा ज़िन्दगी की धूल में,
रास्ते हैं बहुत छितराये।

करधनी पैंजनी या पायलें,
क्यों नहीं अब दिल को बहलायें।

कौन किसको – तड़ी है दे रहा,
क्योंकिसको कोई समझाये।

बस्तियाँ दिल की उजाड़ी अनमनी,
हम विनोदी छद्म भरमाये।

यह बिचारी दास्ताँ कब खत्म हो,
जीस्त उस का कुछ तो रह जाये।

बसन्त

कोने कोने जाकर पूछा,
दरवाजों से, खिड़की से।
बाहर से अन्दर झाँक रही,
उस बच्ची जैसी लड़की से।

क्या बसन्त आया भी था?
या आ कर के चला गया?
क्यों पीलापन फैला है?
वसनो पर, और चेहरों पर।
आने से पहले,
क्या उत्पात मचाया उसने?
सब पीले पत्तों को बहा ले गया,
पतझर की निगरानी में।

प्रिय मित्र, बताओ न!
आँधी उड़ा ले गई, पीत-पत्र
फिर भी पीलापन कयों फैला,
उस जीवन की लाचारी का,
आतंकित चेहरों पर बैठी,
डर फिर किसी बिमारी का!

इस हरे-भरे से पल में भी,
साँसें अब भी मुरझाई क्यों हैं?
हर कुपित हुये चेहरे पर,
बसन्त पीतिमा छाई क्यों है?

कहाँ छलावा हमें दिख रहा,
इस पीले बसन्त का।
यह तो आकर, जा लेता है,
बस,

इक आस जगाकर मन में।
फिर तो, सारा जीवन ही,
खुद को,
सारा बोझ उठाना है।
रंगमंच के पात्र सा बनकर,
हर अभिनय कर जाना है।
सदा हँसाना दुनियाँ को है,
खुद के 'अंजु' छुपाना है।

मौन नदी

जब प्यार से बहती, कोई मौन नदी
अपना प्रवाह बदल ले।
अचानक
तटबंध तोड़कर
बिफर जाये।
सोया हुआ डर फूट पड़ता है,
खामोश बहती नदी, रौद्र हो कर डराती है।
हर तरफ मुझे, दिशाशूल दिखाती है।
उसी आभासी का
मुझे हो रहा आभास
नहीं सह पाया, उसका आक्रोश।
न रौद्र रूप, चंडी-नदी का।
बहा ले गई,
मन के सारे व्यवहार,
तरल आँखों में,
तैरते हुये दृश्य,
बहा ले गई नदी के उस पार।
दम्भ की राक्षसी, सर पर चढ़ इठला कर,
सर्व श्रेष्ठ मैं, सर्व श्रेष्ठ मै,
बहा ले जाऊँगी तमाम,
निस्सहाय डरपोक लोगों को।
डर गया, मैं नदी की गर्जना से,
अबोध बालक मन।
नहीं जानती नदी,
कि वह,
उद्दंडता दिखाकर,
टाइम-पास क्यों कर रही है?
मुझे डुबो क्यों नहीं देती,
अपने में सर्वथा के लिए।
क्लांत, ज़िन्दगी की चुहल
यहीं शान्त हो जाये,
सर्वथा के लिए।।

टहनी दिल की

दिल की टहनी अगर टूट जाये कभी,
आँसुओं का बिछौना जरूरी नहीं।

दूर हो जो गये – पास आयें अगर,
हाले-दिल उनसे कहना जरूरी नहीं।

चाल शतरंज की लोग चलते हैं क्यों,
हम समझ पायें ये भी जरूरी नहीं।

जख़्म ऐसे कहाँ जो दिखें ही नहीं,
लोग सहलायें ना ये जरूरी नहीं।

ऐसी कुव्वत कहाँ मेरी तहरीर में,
तारीख़ में नाम आये जरूरी नहीं।

ज्योतिर्मयी वसुधा

ज्योतिर्मयी वसुधा हुई,
सैंकड़ो दीपक जले।
पर सदा ही तम रहा,
दीपक शिखा के ही तले।

निर्दिष्ट इंगित लक्ष्य को,
पग-पग बढ़े समवेत हो।
अवसाद के अवसान ने,
ढक लिया हर पृष्ठ को।
विकृत हुई सी चेतना
किस गले जा कर मिले।
क्योंकि, सदा ही तम रहा,
दीपक शिखा के ही तले।

स्मृति-पटल पर तैरते,
सूक्ष्मतम कुछ बिन्दु से।
कुछ बिन्दु से, कुछ इंदु से,
फिर-फिर हुये नैना सजल।
ढहता शिखर गल-दंभ का,
छुटी निराश्रय देह-शिला।
किस का गिला?
किसको गिला?
चलते रहे यूँ ही निरन्तर,
ज़िन्दगी के सिलसिले।
क्यों-कि, सदा ही तम रहा,
दीपक शिखा के ही तले।

बहुत देर के बाद

बहुत देर के बाद,
द्वार खट-खटाने वाले मेरे मीत,
तुम अब आये हो।
जब सारा आकाश
मेरी बाहों से खिसक चुका है।
और मैं दर्पण में आँखें गड़ा,
घूरता जा रहा हूँ,
अतीत की परछाइयों को।
जो काल के प्रस्तर पर –
सर पटक-पटक,
विलीन होती जा रही हैं।
और तुम,
ज़िन्दगी का 'इकतारा' लेकर,
समय की बाँसुरी पर,
बे-सुरी धुने बजाते हुये,
दूऽऽऽऽर
बहुत दूर निकल गए,
जहाँ केवल था अमावस का अंधकार।
भूल गए, कि
कहीं कोई रहा है कर, तुम्हारा
अनवरत इंतजार।

जमूरा

मदारी,
तुम ने जो रस्सी,
आसमान पर फेंकी थी।
उस का एक सिरा,
अब भी हवा में अटका हुआ है।
जिस बच्चे को,
इसकी चोटी पर पहुँच कर,
कट–कट कर,
गिरने के लिए कहा था।
उस के अंग भी,
तुम्हारे चारों ओर बिखरे पड़े हैं।
मगर मदारी,
अपने खेल का इनाम माँगने से पहले,
इस का अन्तिम परिणाम तो दिखाओ।
कटे हुये अंगो को जोड़ कर दिखाओ।
रस्सी को नीचे उतार कर दिखाओ।
कहीं ऐसा न हो,
कि यह जमूरा,
फिर से जुड़ने के बाद,
तुम्हारे लिये,
भिक्षा पात्र की जगह,
माँग–पत्र उठा ले।।

कालीदास

मैं,
बेचारा कालीदास,
जिस डाल पर बैठा था,
केवल उसी को काट रहा था।
लेकिन तुम,
जिस पेड़ पर बैठे हो उसको,
जड़ों से काट रहे हो।
तुम्हीं बताओ,
कि मैं बोलूँ या चुप रहूँ?
अगर मैं चुप रहूँ,
तो तुम मेरी चुप्पी को,
मूक आन्दोलन समझ कर,
मुझे कटघरे में डाल दोगे।
और अगर बोलूँ तो मेरे,
हर शब्द का अनुवाद,
अपनी भाषा में कर लोगे,
और मुझे कटघरे में डाल दोगे।
क्योंकि, मैं जानता हूँ,
कि तुम विद्योत्तमा के दरबारी हो।
और मैं,
बेचारा कालीदास।
तुम्हीं बताओ?
कि मैं बोलूँ या चुप रहूँ?

उसी का शहर है

उसी का शहर है, मैं अजनवी हूँ।
मैं नहीं जानता मैं यहाँ क्यों हूँ?

अश्क गिरते हैं, प्यास बुझाता हूँ।
हवा चलती है, साँस ले लेता हूँ।
भीड़ चलती है, चल देता हूँ।
बेड़ियाँ भी नहीं हैं, फिर भी बन्दी हूँ।

उसी का शहर है, मैं अजनवी हूँ।
मैं नहीं जानता मैं यहाँ क्यों हूँ?

सब गढ़ लेते हैं तेरा आकार अपने मन से।
नहीं जानता तू साकार है या निराकार?
नहीं जानता कि तू पर्वत है या आसमान?
नहीं जानता कि तू शाँत है या घमासान?
पर ये जरूर जानता हूँ कि मैं इन सब से बरी हूँ।

उसी का शहर है, मैं अजनबी हूँ।
मैं नहीं जानता, मैं यहाँ क्यों हूँ?

रे मन! ठहर अभी

रे मन! तू थोड़ा सा ठहर अभी,
जरा मैं शिवालय तक हो आऊँ,
काँख में बँधी गठरी पापों की,
गंगाजल आचमन कर धो आऊँ।

रे मन! तू बस इतना ठहर अभी,
तब तक मैं मदिरालय हो आऊँ।
उर अधर अटकी जग की पीड़ा,
सुरा के पात्र में ढुबो आऊँ।

रे मन! बस थोड़ा सा और ठहर,
तब तक उस मंच तक हो आऊँ।
इर्दगिर्द एकत्रित भीड़ को,
प्रतिक्षा का झुनझुना दे आऊँ।

गीत

इस रंग बिरंगी दुनियाँ में, सबको न सब मिल पाता है।
कुछ आस जगाता है जीवन, जीवन ही आस बुझाता है।

इक आस में जीती है दुनिया, इक आस में जीवन जाता है।
जीवन गीली मिट्टी-सा है, जैसा ढालो ढल जायेगा।

जब सूख चुकेगी यह मिट्टी, फिर कुछ भी न बन पायेगा।
मिट्टी का खिलौना हरदम ही, खुद के ही खेल रचाता है।

आँधी पानी बारिश बूँदें, सब खुश हो झेलता जाता है।
कन्धों के ऊपर चढ़कर भी, आकाश नहीं छू पाता है।

चाहत के टूटे टुकड़ों पर, ये हरदम ही इतराता है।
कुछ पाकर हरा भरा लगता, कुछ खोकर भी पछताता है।

यह लाँघ समुन्दर लेता है, यह चाँद पे भी चढ़ जाता है।
अपने ही अन्दर के डर को, यह पार नहीं कर पाता है।

खामोश यात्रा

अचानक किसी दिन,
तुम्हारे शहर आऊँगा,
आकर,
कहूँगा, वहाँ की हवाओं से,
सन्देश पहुँचा दो,
मैं आ गया।
वादियों में बहाव हो न हो।
पत्तों पर बहार हो न हो।
हवाओं को,
मौसम के रिश्तों के साथ,
चलने की आदत हो न हो।
तुम्हारे तक मेरा पैगाम,
पहुँचे न पहुँचे।
पर यह खामोश यात्रा,
होगी।
जो कभी नहीं ठहरी,
झंझावात के उभरने पर भी।
कभी नहीं टूटा,
यात्रा का प्रवाह,
अनवरत, सदियों से।
माना,
रिश्तों के टूटने की चरमराहट,
निशब्द होती है।
जो, मात्र
मैं सुन पा रहा हूँ,
तुम्हारे सृजन का हर शब्द,
बाढ़ में तैरता हुआ लगता है।
संसार के सातों समुन्दर,
भर जाने के बाद,

समुद्र की आँखों से,
बहता हुआ खारा नीर।
कौन से आठवें,
समुद्र का सृजन कर पायेगा?

अंधेरी शाम

लोग काँटों की बात करते हैं,
हमने फूलों से ज़ख़्म खाये हैं।
हमने सोचे थे गैर हैं अपने,
हमने अपनों से सर कटाये हैं।

किस मुहब्बत की बात माने हम,
जो कभी पाक और इबादत थी।
ऐसी दुनियाँ को परख कर हमने,
हर कदम पर कहर पाये हैं।

दिख रही पेड़ पर हरियाली,
इक गिलहरी फिरे डाली-डाली।
वह बहारों को दे गई धोखा,
उसने सावन की रंगत ही चुरा ली।

आँख की कोर से लुड़क कर,
सब समुन्दर ही उलट डाला।
किस घड़ी कौन मोहरा चलना,
हम अनाड़ी, उस ने चल डाला।

हर कहानी अन्त दुख-सुख है,
यह कहानी जरा तिलस्मी है।
इसमें पहले भी नहीं चाहत थी,
और पीछे भी नहीं धड़कन है।

दिल बेकसूर था

उस पे इतना नूर था, दिल बेकसूर था।
जंगल में आग बुझ गई ऐसा सरूर था।

हमने बसेरा कर लिया ऐसी ही ठाँव में।
पेड़ों पे बस रहे, परिन्दों की छाँव में।

उजड़ी हुई थी डाली पत्तों का अन्त था।
नीचे से जो गुजर गया कोई महन्त था।

कितनी नसीहतें हमें आफताब दे गया।
चलते रहो अकेले पथ तो बे अन्त था।

राहों पे आ गई थीं, रुकावट की तितलियाँ,
उन सुरीली आँखों में लुभाने का मन्त्र था।

निंदक नियरे राखिए

खामोश आचरण,
समाधान है, बहुत से प्रश्नों का
मैं,
नाराज हो गया,
उन काल्पनिक चित्रों से,
जो रेत के घरौंदों में कैद थे।
मेरे अन्दर का मन्थन,
सदैव अशांत रहता है।
कहता तो बहुत कुछ है।
पर मैं सुनकर, अनसुनी
कर देता हूँ।
मुझे पता है,
मुझे ऐसे-ऐसे रास्ते दिखाएगा,
जिस पर चलना,
मेरे लिए 'टेढ़ी खीर' हो जायेगा।
पीठ को पीछे कर के चलना,
मुझे आता नहीं।
मैं स्पष्ट भाषी,
कौन सुनता है,
आज की तेज दौड़ में,
शनैः शनैः मन्द होते जा रहे,
संत कबीर के वह शब्द,
निंदक नियरे राखिए,
असहाय हो जाते हैं-
कई बार ऐसे शब्द।
उनके लिए,
जिन्हें हम खास समझते हैं।
अशान्त मन,
कब शान्त होगा? पता नहीं,
सवाल करता हूँ,
बार बार खुद से।

पर उत्तर,
विकलांग हवाओं में,
जंगलों की गहराईयों में,
कहाँ खो जाते हैं?
ढूँढता रहता हूँ,
विक्षिप्त होकर।
मरा हुआ होकर भी,
जिन्दा होने का नाटक,
करता आ रहा हूँ।
अदृश्य नज़ारों को,
नंगी आँख से देख रहा हूँ।
समय बह रहा है,
बहते हुए काल में,
तृषित लोगों का डूबना,
सह नहीं पा रहा हूँ।
लहरों पर दौड़ने वाले लोग,
बेशरम होकर, चुल्लू भर पानी,
में भी नहीं डूब पा रहे हैं।
कुछ नहीं कर सकता कोई,
फटी में टाँग अड़ाने का शौक,
बहुत भारी पड़ता है।
किसी युग में भी, हम उदार हुये,
डूबने वालों को,
बचाने के लिए तैय्यार हुए,
पर जो लोग,
भूल नहीं,
गुनाह करके भी खिलखिलाहट,
लेकर घूमते हैं।
पता नहीं, ऐसी हँसी
वह कहाँ से ओढ़ पाते हैं।

पछताना पड़ा

मुझे हर बार पछताना पड़ा।
द्वार से लौटकर जाना पड़ा।
मेरे ये गीत जब रोये बहुत तो,
इन को प्यार से सहलाना पड़ा।

किसी ने आड़ से देखा मुझे जब।
मेरे आँसू छलक कर आ गये तब।
कोई हँसता रहा वह देखकर सब,
हथेलियों में खुद को छुपाना पड़ा।

किसी की पीर क्या समझेगा कोई।
सभी रिश्तों में चादर है भिगोई।
सभी को फिक्र है अपनी सुबह की,
खुद को रातों से नहलाना पड़ा।

किसी को स्नेह दे साकार समझा।
किसी ने आस दी घर–बार समझा।
बड़ी खुद-गर्ज हैं जालिम हवायें,
क्या निकले, हमने क्या था समझा।

ढाई आखर की पोथी को

ढाई आखर की पोथी को,
अगर कहीं गर पढ़ मैं पाता,
तब तो मैं कबीर बन जाता।

मर्यादा के हर घेरे को,
अगर तोड़ता दौड़ता जाता,
तब मैं कहाँ राम कहलाता।

भरी सभा में विद्योत्तमा की,
प्रश्नों का उत्तर दे पाता, तब
मैं कहाँ कालिदास बन पाता।

सोने चाँदी के भरे जंगल को,
अगर लूट-लूटकर कर खाता,
फिर कहाँ बाल्मीकि कहलाता।

वृन्दावन के नन्दन वन में,
गोपियों संग जो रास रचाता,
फिर तो मैं कृष्ण कहलाता।

गूँगों की इस भरी सभा में,
वचनों का परचम लहराता,
तब मैं याज्ञवल्क्य बन जाता।

मैं मूढ़ जाहिल अनपढ़ गँवार,
ऐसा का ऐसा मुझको रहने दो,
अन्दर की गीली गंगा को मेरी,
ही प्यासी दुनियाँ में बहने दो।

हर दुनियाँ अपनी अपनी है,
हर दुनियाँ का अन्तर-अन्तर,
हर दुनियाँ के इस अन्तर को,
अब दूर निरन्तर रहने दो।

बूँद-बूँद

बूँद-बूँद पाने से,
ज़िन्दगी बड़ी होती है।
बूँद-बूँद चढ़ने से, ज़िन्दगी,
पैरों पर खड़ी होती है।
बूँद बूँद भरता है,
सागर बनता है।
बूँद बूँद बहने से,
सैलाब उमड़ता है।
बहुत से सैलानियों का,
तबेला उजड़ता है।
बूँदें जो थम जायें,
तो माटी रोती है।
अन्दर का दुर्भाग्य,
बाहर निकलता है।
जो अकाल बन,
हम सब को डसता है।

चेहरा-चेहरा झाँक रहा है

चेहरा-चेहरा आँक रहा हूँ।
चेहरों में से झांक रहा हूँ।

हर चेहरा अर्जी है लगता,
हर चेहरा लगता बे-बाकी।
हर चेहरे की आत्मकथा है।
हर चेहरे की अलग व्यथा है।

सतरंगी दुनिया के चेहरे।
कुछ उपहास उड़ाते चेहरे।
कुछ विश्वास जमाते चेहरे।
कुछ हैं भ्रष्ट कमीने चेहरे।

कुछ रंगीन मिजाजी चेहरे।
कुछ चेहरों की जात निराली।
कुछ चेहरों की फितरत काली।
कुछ चेहरों मे शान बहोत है।
आन-बान भी कुछ रखते हैं।
कुछ चेहरे 'लोबान' नुमा हैं।
कुछ चेहरे इंसान नुमा हैं।
कुछ शैतानों की बस्ती हैं।

कुछ में तो दुनियाँ बसती है।
कुछ बातों के बस्ते लगते।
कुछ सस्ती बातों से लगते।
कुछ दो-मूहें साँप नुमा हैं।

कुछ जूड़ी के ताप नुमा हैं।
बिखरे बिखरे से हैं चेहरे।
सिहरे सिहरे से हैं चेहेरे।
अपना रंग जमाते चेहेरे।

हँस रो कर कुछ कहते चेहरे।
कुछ चेहरों में फूल खिलाते।
कुछ दुखती रग को सेहलाते।

कौन बनाता है ये चेहरे?
क्यों बनाता है ये चेहरे?
कहाँ बनाता है ये चेहरे?
किसे दिखाता है ये चेहरे?

कुछ चेहरे अनभिज्ञ अभी हैं।
कुछ चेहरे जो यहाँ नहीं हैं।
बस, चेहरों का ढेर लग गया।
शाम ढली दिन ध्वस्त हो गया।

चेहरा-चेहरा पस्त हो गया।
जिस चेहरे की जैसी फितरत,
वैसा ही अभ्यस्त हो गया।।
वैसा ही अभ्यस्त हो गया।।

भारी पत्थर

जब शब्दों का भारी पाहन,
चोट मर्म पर कर जाता है।
ऐसा ही कुछ हो जाता है।

राही को जब चलते चलते,
दिशा भ्रम जब हो जाता है।
ऐसा ही कुछ हो जाता है।
कुछ भी होना ना दिखता हो,
अनहोना सा हो जाता है।
ऐसा ही तब हो जाता है।

अन्तर्मन की पीड़ाओं को,
पीड़ायें सहला जाती हैं।
ऐसा ही कुछ हो जाता है।
सुधियों में हम बहते बहते,
बहलाते बहलाते खुद को,
इतनी दूर निकल जाते है।
अगर लौटना पढ़े मुहाने।
ऐसा ही कुछ हो जाता है।

रिश्तों का ये जाल सुहाना,
और उलझता सा दिखता है।
ऐसा ही तब हो जाता है।
बीहड़ बस्ती की वह यादें,
आहत होती अहसासों से।
ऐसा ही तब हो जाता है।

ना समझा मन मेरे मन को,
इक कोमल सी बात सुई बन,
अन्तर्मन में चुभ जाती है।
ऐसा ही तब हो जाता है।

मुझे यहाँ तक लाने वाले,
अंगुल छोड़कर जाने वाले,
जीवन दर्शन बोध करा कर,
खुद सपना जब हो जाते हैं।
ऐसा ही तब हो जाता है।

दीपक राग

अब नहीं दूँगा,
मैं तुम्हें आवाज।
मेरी आवाज में,
वो परवाज नहीं,
जो रेंक सके कानों में,
जूँ की तरह।
जो खिला सके फूल
संग दिलों में।
सारंगी के तार,
झंकृत हुये थे कभी,
अब,
उनकी थिरकन में,
वह सोज नहीं,
मूक हो चुकी हैं,
तारों के,
तार तार हो जाने पर,
स्वरों की रिद्म।
खो गई बेसाख्ता हवाओं में।
सरगम में,
कोई राग नहीं।
कहाँ तक बजायें हम,
उम्मीद के दियों को जलाने के लिये,
दीपक राग।

चलो फिर से

चलो! फिर से नयी दुनियाँ बसा लें।
इस कशमकश में, टूट जायें कुछ सितारे।
उन्हें चुपचाप धरती से उठाकर,
चलो! आकाश पर फिर से लगा दें।१।

वो दुनियाँ, मुख्तसर जिसका जहाँ हो।
वो दुनियाँ, रंजो-गम न कहकशाँ हो।
दरो-दीवार न हो जिस चमन में,
हम-तुम आशियाँ ऐसा बना लें।२।

न मजहब की चहकती बुलबुलें हों।
ईंट-पत्थर के मसले भी नहीं हों।
न ख्वाबों का कोई गुमनाम मंजर,
हवाओं में भी थोड़ी ताजगी हो।३।

जहाँ, भटकी पाक-रूहों का घर हो।
जहाँ, सूरज चहकता रात भर हो।
न हो, रस्मो रिवाजों की फजीहत,
परिन्दे हों खुशनुमा ऐसा जहाँ हो।४।

न कोई हो हमारा ही सितमगर।
मेरा 'मादरे-वतन' दुनियाँ से बढ़कर।
मौसम अमन बरपा रहा हो खुलकर,
रंग, खुशबू जहाँ पाते हों आदर।५।

मौहम्मद, राम, ईसा और नानक,
सभी का एक ही प्यारा सा घर हो।
मेरा ये ख्वाब, तेरा भी अगर हो,
तो फिर दिव्य कितनी राहगुजर हो।६।

मैं ऐसा गीत नहीं

लफ्ज़-दर-लफ्ज़ मुझे होठों पे लिख लो अपने,
ऐसा मैं गीत नहीं, तुम जिसे दोहरा न सको।

टूट जायेंगे कई रंग के गूँगे-सपने,
ऐसे सपनों में मुझे देख, खुद को बहला न सको।

याद आने लगें जब हूर की ऐसी परियाँ,
उन को ख्वाबों में बुलाकर, बात समझा न सको।

दिल से उठने लगी हैं, शाँत समुन्दर में लहरें,
ऐसी लहरों पे, शिकारों से घर बना न सको।

खो गये लोग, मुझे जिसने जज़्बात दिये,
बिन तराशी हुई ज़िन्दगी में रंग ला न सको।

चाँद हो या न हो, रात गुजर जायेगी,
कभी पूनम कभी अमाँ गोद ले लोरियाँ गायेंगी।

कर गई ज़िन्दगी हम से, 'विनोद' बहुत सारे,
कभी फैंका, कभी तोड़ा, कभी छोड़ा,
दिल को दुनियाँ के सहारे।

जिंदगी बेवजह-सी

अब मेरी ये ज़िन्दगी, बेवजह-सी हो गई।
दिल में दब हसरतें, तुझ को दुआ-सी हो गई।

किस लिए बेचैन है, क्या मैं लगता हूँ तेरा?
मेरी यादों में बुझकर, तुम धुँआ-सी हो गईं।

धुँधली तेरी तस्वीर थी, और भी धुँधला गई।
अब तो सीरत भी तेरी, तेरी बला-सी हो गई।

अब खुदा भी ना मुझे, उस से बचा ही पायेगा।
बढ़ चुकी पीर दिल की, मौत की इत्तला-सी हो गई।

रवायतों की रंगीन दुनियाँ में, बसे हैं कवायद के शहर।
तेरी बादशाहत शहर की, इक किला-सी हो गई।

बेरहम बन कर करता खुद पे, और भी ज्यादा सितम।
जहाँ में हालत विनोद अब मुजरिमों-सी हो गई।

दर्द कहीं, पीर कहीं

दर्द उठा कहीं, पीर उग आई,
लोग दलदल में बहा ले जायेंगे।

बिना आहट ही कुछ जल जाता है,
रूठी ताबीर को राख बना जायेंगे।

धुन्ध रहती है तो लोग भटक जाते हैं,
कई सूरज मस्तक पर उतर आयेंगे।

किन हाथों में तकदीर भटकती होगी,
क्या कोई उजली तस्वीर बना पाऐंगे।

हसरतें बहक बुझाती ज़िन्दगी का नूर,
उड़ गये रंग तो कौन रंगरेज भर पायेंगे।

कागज की कश्ती से कहाँ पार सागर हो,
छरहरे किले बाढ़ का जोश न झेल पायेंगे।

ऐसे ख्वाब क्यों बुनता है नादान विनोद,
जो तेरी किश्ती में कभी भी न ठहर पायेंगे।

जिक्र तेरा आएगा

मेरे अल्फाजों में जिक्र तेरा आयेगा,
फलक का चाँद जर्मीं पर उतर आयेगा।

तू फरिश्ता है या मेरे दिल की रूह,
इश्क तेरा मेरे सर चढ़ बतलायेगा।

प्रेम करना तो मुझे आता ही नहीं,
ये भी झूठ है कि तुम से नाता ही नहीं।

तू रहे पास या दूर, मेरे ख्वाबों की ताबीर,
तेरा ख्याल मुझे ज़िन्दगी भर बहलायेगा।

तेरी कशिश का दिया जलता रहेगा ता-उम्र,
'विनोद' गुलाबों की खुशबू से नहलायेगा।

आंसुओं के समुंदर

आँसुओं के समुन्दर समेटे गये,
मेरे दामन में लाकर उन्हें भर दिया।

रात अंधे कुयें से निकाली गई,
मेरे माथे पे लाके तिलक कर दिया।

लफज बुझते गये खेल चलता रहा,
शब्द-दीवार चुन कर गज़ल बन गई।

लोग पिसते गये दौर तो दौर था,
ज़िन्दगी की अदालत फजल बन गई।

जाम मदिरा का यूँ ही सजा रह गया,
बुझ गई आस प्यालों की बस बेवजह।

प्याला चलता रहा, साकी भरती रही,
काली रातों की बस्ती, चुहल बन गई।

काली कोठी का मजनू सुबकता रहा,
बातें भी बुझ गई, चुप्पी भी बह गई।

खेल उलफत का बाकी बचा ही कहाँ?
राह में जो तसव्वुर तेरा आ गया।

दिल के दैरो-हरम शर्त में हार कर,
जोश भी खो गये, होश भी खो गए।

ख्वाबगाहों की मैयत धरी की धरी,
चुप्पी यूँ ही कफन में दबी रह गई।

मन की पीड़ाएँ

मन की पीड़ाओं।
मत मुझसे उलझो,
मात तुम्हें खानी है।

खेमों में जीवन के,
कई प्रश्न उठते हैं।
कुछ उत्तर पाते हैं,
कुछ उल्टे हो कर,
टंगे रह जाते हैं।

उथले सवालों की नदी में उतरना,
पार न पाना,
या डूब जाना,
नियति बन जाती है।

अकर्मठता,
माथे की लकीरों में समा,
मन के सारे विकल्पों को,
डाँवाडोल करती।
कहाँ से कहाँ ले जाती,
भटकाती विक्षिप्त रास्तों पर,
मन्दिरों के चक्कर लगवाती,
ज्योतिषियों के कुचक्रों में फँसाती,
मनःस्थिति में,
भूचाल लाती।
विवेकहीन बना कर,
हमारी ही कुल्हाड़ी को,
हमारे ही हाथों से,
हमारे ही पैरों पर चलवाती।

असमंजस की स्थितियाँ,
हमें छकाने की ताक में,

दिन-रात घात लगाये बैठी हैं।
प्रसंगों की ताड़ना देकर,
नियति पर छोड़ देना,
हमारे अस्तित्व पर,
एक प्रश्न चिन्ह लगाती है?

बरसात

आज बरसात हुई थी बन्द कमरे में,
जाने किस की आँखों का इन्कलाब था।

लोग तैरते दिख रहे थे मंजीरे बजाते,
न जाने कौन से पहर का वह ख्वाब था।

बन्द पलकें झाँक रहीं डूबने वालों को,
बन्द मुट्ठी से फिसलते दिनों का हिसाब था।

खामोश तूफान उड़ा ले गया सारे जज्बात,
फटी आँखों से देख रहा वह दिले बेताब था।

किस तरह के इश्क बिक रहे हैं जमाने में,
बता जाने वाले के चेहरे पर पड़ा नकाब था।

गमों की बाढ़ का कोई बहाव नहीं होता,
ढलान से गर्त में जाने के लिये वह बेताब था।

बहा ले गया दर्द रिश्तों के जजीरों को,
आँखों से निकला तेरी हद का सैलाब था।

लाजिमी-सा हो गया

इस जहाँ में तो बिछड़ना लाजिमी सा हो गया।
प्रीत की गहरी थकन से, मैं कहीं भी सो गया।

उठ गया तो नींद में, जागा हुआ समझो मुझे।
सो गया तो समझना, अब मैं बिल्कुल सो गया।

हर धरातल पर, किसी से भी कोई भिड़ रहा।
तितलियों के साथ, भौंरों को है लड़ना पड़ रहा।

बेवजह लम्बी उड़ानों में खपाना व्यर्थ खुद को।
सिर के बल अब पाँव को ऊँचे पे चढ़ना पड़ रहा।

तेरे हिस्से की सुहानी शाम लिखने जा रहा।
गीत का तुझ को अमिट इनाम लिखने जा रहा।

हर गली के मोड़ पर इसका न रोको कारवाँ।
हर इबारत में यही पैगाम लिखने जा रहा।

रात दिन की दूरियों–सा रास्ता लम्बा मेरा।
कंटकों की बाहों से, मुझको गुजरना है पड़ा।

स्नेह की इन क्यारियों में प्यार बोता जा रहा।
टूटे सपन, आँहों की माला में पिरोता जा रहा।

करार

मुझमें-तुझमें करार था,
तुम्हें याद हो कि न याद हो?
दिलो-जाँ से तुम पे निसार था,
तुम्हें याद हो कि न याद हो?

क्यों पलट गयी आबो-हवा,
कभी तुम को छुल के आई थी।
उस हवा में मीलों खुमार था,
तुम्हें याद हो कि न याद हो?

तेरी ज़िन्दगी एक शहर नुमा,
मेरी ज़िन्दगी एक गाँव थी।
तू बहार थी, मैं गुबार था,
तुम्हें याद हो कि न याद हो?

तेरी हसरतें थी भंवरनुमा,
मेरी हसरतों में पड़ाव था।
तू जुनून थी-मैं ठहराव था,
तुम्हें याद हो कि न याद हो?

जो बहा गयी कुल-ज़िन्दगी,
उस धार को क्या गिला करें।
वो किया-किये 'विनोद' पर,
मैं फिर भी उस पे निढाल था।

कभी मुझ में तुझ में करार था,
तुम्हें याद हो कि न याद हो?

सुबह हुई

सुबह हुई तो सब खग-मृग,
दिवस बिताने जाते हैं।
साँझ ढले वह सब अपने,
घर को वापिस आ जाते हैं।

इसी दिवस की संध्या में,
जब जब घन्टा बजता है।
तभी सृष्टि को ढकने मानो,
अन्धियारा आ बसता है।

मन्द मन्द थी पवन चल रही,
खुशबू लाई थी बन से।
कहने आई हो सन्देशा,
सुख का मानो जन-जन से।

दिन भर जो अपने तन मन
से, थे खेतों को जोत रहे।
वही कृषक अब थकी हुई,
पगडंडी पर हैं लौट रहे।

धूल-धूसरित तन पग-कंटक,
मन में घिरता अन्धकार।
माँझी बन ग्रहणी की यादैं,
मन पीड़ा-सागर करे पार।

शनैं-शनैं पग बढ़ते जाते,
अंधकार घिरता जाता।
निशा उतरती आती ज्यों-ज्यों,
प्रीत रंग चढ़ता जाता।

पन्थ निहार रहे दो दीपक,
बिना पलक को झपकाये।

रैन हुई क्यों आज बहुत,
साजन अभी तलक न आये।

पर कुछ घर ऐसे भी थे,
जिन में अब तक था अंधियारा।
न दीप जला, न चूल्हा ही,
ना नैनों ने पंथ निहारा।

मतलबी दुनिया

खामोश फिजाओं में इक बात रह गई,
कुछ कह न सके होंठ, आँखों से बह गई।

दिल टूटकर जुड़ा तो, क्या जुड़ा रकीब,
उस जोड़ में तो एक छुपी गाँठ रह गई।

इतने करीब थे बसे, साँसे थी छू रहीं,
साँसों की सिलवटों में दबी घात रह गई।

बातों ही बातों में, थीं तलवारें तन गई,
बातों के खंजरों से, छलनी ही हो गईं।

अश्कों में बह गये, सभी सवाल अनबुझे,
गीता, कुरान, ग्रन्थों की, कसमें भी जल गईं।

दुनियाँ 'विनोद' करती है, हम ना समझ हुये,
मतलब के जोड़ती है, वह रिश्ते नये नये।

हे सुखद सपने सलोने

हे सुखद सपने सलोने,
इस तरह मत रूठ जाओ।
रात की पगडंडियों पर,
छोड़कर मुझको न जाओ।

प्रेममय मेरा सृजन है,
पर सुखद एकाकीपन है।
सृष्टि की इस मूक गरिमा,
में आ तुम ठहर जाओ।

छोड़कर वह जा चुके हैं,
जो मुझे थे प्रिय कहाये।
वह इस विप्लव की गर्मी
को नहीं हैं सहन पाये।

पेड़ राहें और नजारे,
दे रहे सब को विदाई।
भीत की रंगीनियाँ भी
गंध मोह की सह न पाईं।

प्रेम की पीड़ा नहा कर,
हम जहाँ को ढूँढ पाये।
अब हमें तुम भूल जाना,
ओ मेरी गर्दिश के साये।

बहुत दूर है अभी सवेरा

बहुत दूर है अभी सवेरा।
बहुत दूर है अभी सवेरा।
अभी रात का दम गहराया,
चिड़ियों ने कर लिया बसेरा।
बहुत दूर है अभी सवेरा।
बहुत दूर है अभी सवेरा।

स्वर गूँजेंगे जब 'अजान' के,
मन्दिर के 'घन्टे' बोलेंगे,
गुरुद्वारों मे शबद-कीर्तन,
कानों में मधुरस घोलेंगे।
मिट जायेगा तभी अंधेरा।
बहुत दूर है अभी सवेरा।
बहुत दूर है अभी सवेरा।

नगर, गाँव, नभ, धरा, क्षितिज से,
मिट जाए ये घना अंधेरा।
पावन होगा तभी सवेरा।
सब मेरा हो, सब तेरा हो,
फिर भी न हो मेरा-तेरा।
बहुत दूर है अभी सवेरा।।
बहुत दूर है अभी सवेरा।।

जीवन की यात्रा

कुरूक्षेत्र है जीवन का,
जिस में रचना रच जाती है।

अभी थका मैं नहीं, रुका भी नहीं,
चला भी नहीं, फिर भी पथ,
उंगली पकड़े पकड़े,
दौड़ा दौड़ा ले जाता है।
कितनी लम्बी है दौड़,
पता भी नहीं, पूछा भी नहीं,
ज़रूरत नहीं।
हर गीत गज़ल के छन्दों में,
जब मानसिकता आ जाती है,
तो हर कविता रोगी हो जाती है।

यह कुरूक्षेत्र है जीवन का,
जिस में रचना रच जाती है।

हर भोर पटल के पन्नों पर,
लिख लिख मुझ को दोहराती है।
मेरी कविता,
बदली-बदली सी लगती है।
खेतों में, गाँव की गलियों में,
शहरों की सरहदों तक,
रचती गिरती पड़ती,
दहशत के नालों में।
मदिरा के प्यालों में।
पीकर रह जाती, ख़ामोशी के गीत सुनाकर।
चुप हो जाती।
सन्नाटा बिखेरती,

सिर्फ, ॐ शान्ति शान्ति शान्ति,
यह कुरूक्षेत्र है जीवन का,
जिस में रचना रच जाती है।

बहका मौसम

भटकी हुई हवायें, बहके हुये नजारे।
बदरंग हो गये हैं, जीवन के रंग सारे।

खामोश हो सड़कें, हम को ढूँढती हैं।
हम मिल न पाये, उनसे बिना पुकारे।

दुनियाँ से जा रही हैं, रूहें चिराग बनकर।
दुनियाँ बनाने वाले, बैठा है तू तो तन कर।

हर शख़्स रो रहा है, तेरे ही दर पे आकर।
क्या तेरा खो गया, मुझ को जरा बता रे।

दिखता नहीं है फिर भी, तू होश है उड़ाता।
दहशत से मर रहे हैं, धरती के लोग वाह रे।

तेरे ही आँसुओं ने, तुझको ही है रुलाया।
तू ही तो मर रहा है, तेरे ही हैं यह सारे।

बेदर्द कोरोना

किसी ने तो अपने सनम खो दिये हैं।
किसी के हिस्से में गम बो दिये हैं।

विधाता ये तूने क्यों कया रचाया।
न मुस्लिम बचाया न हिन्दू बचाया।

कहाँ से ये तूफान जग में है आया।
कोरोना के कीटाणुओं को फैलाया।

ये गलियाँ ये बाजार सूने के सूने।
न चेहरे पे रंगत, न महफिल में रौनक।

ये कैसा खुदा का है फरमान आया।
कि हमसे ही दूर हो गई मेरी छाया।

बिलखते हुए घर, हैं गमों में नहाये।
जो चाहा था हमने, नहीं कर वो पाये।

दूर मजदूर से है, जैसे कोसों मजूरी।
अब करना वही है, जो है अब जरूरी।

गाँधी के बन्दरों, मुँह मास्क में छिपाओ।
न बुरा बोलो, न बुरा सुनो, न बुरा देखो।।

आत्म-चिन्तन

योग के इन मन्दिरों में,
आत्म-चिन्तन को जगाओ।
स्वर भरी इस ज़िन्दगी को
तुम न बे-ताला बनाओ।

भाओ बाँटो, योग बाँटो, कर्म बाँटो,
फल मिलेगा।
मन को चिर शांति मिलेगी,
आत्मा को बल मिलेगा।

ज़िन्दगी की रूढ़ियों में,
तुम न इस पथ को भुलाओ।
योग के इन मन्दिरों में,
आत्म-चिन्तन को जगाओ।

जिस्म में बल पड़ गए तो,
याद उसको क्या करोगे।
पाओं बोझिल हो गये तो,
मंजिलों तक क्या चलोगे।

आत्मा है जिस्म ये,
'परमात्मा' को मत भुलाओ।

योग के इन मन्दिरों में,
आत्म-चिन्तन को जगाओ।
स्वर भरी इस ज़िन्दगी को,
तुम न बे-ताला बनाओ।।

आत्म-गान

अवसान हो रही बेला में,
मैं गीत गा रहा था तेरे।

शायद उस पार निशा के फिर,
तेरी छवि अंकित हो जाये।

काली साड़ी को ओढ़ दिवस,
अपने अंगों को छुपा रहा।

यह लाज शरम रवि की लाली,
कहीं सागर में न खो जाए।

जीवन के सागर में हरदम,
लहरें उठतीं, चप्पू चलते।

कोई दूर किनारे से भटका,
कोई निकट किनारा पा जाये।

हर एक लहर बन एक वर्ष,
हर साल जनम दिन है लाती।

सब समझें यही किनारा है,
भ्रम मृत्यु और निकट लाये।

हर मोड़ तमन्ना पूरक हो,
हर कदम खुशी के फूल खिलें।

सौ जन्म अगर मैं जिऊँ मीत,
ये उमर भी तुम को लग जाए।

*****

www.ingramcontent.com/pod-product-compliance
Lightning Source LLC
Chambersburg PA
CBHW071207130726
47998CB00002B/646